손에 잡히는 골프룰

손에 잡히는

골프룰

꿈엔Life

이 책은 〈스트로크 플레이〉의 룰을 해설해 놓은 것으로써,
이해가 쉽도록 원문을 의역한 부분이 있습니다.
골프규칙의 전문은 대한골프협회 홈페이지
(www.kgagolf.or.kr)에서 확인하실 수 있습니다.

표현의 이해

"… 할 수 있다. … 해도 된다(may)" 그 행동은 선택적 또는 임의(任意)로 할 수 있음을 뜻한다.
"… 해야 한다. … 하도록 한다(should)" 그 행동을 권고 또는 권장하지만 반드시 그렇게 해야 하는 것은 아니라는 것을 뜻한다.
"… 하지 않으면 안 된다(must)" 지시 또는 명령을 뜻하며, 그렇게 하지 않으면 페널티가 따름을 뜻한다.

참고문헌

R&A Golf Rules ILLUSTRATED 2008
R&A DECISIONS ON THE RULES OF GOLF 2008−2009

Content

에티켓 Etiquette ·017

- 티잉 그라운드 Teeing Ground ·027
- 스루 더 그린 Through the Green ·054
- 벙커 Bunker ·140
- 워터 해저드 Water Hazard ·171
- 퍼팅 그린 Putting Green ·192
- 스코어 카드 Score Card ·243

부록 ·252

에티켓 Etiquette • 017

항상 안전을 확인합시다 • 017

스타트 시간을 지킵시다 • 018

로컬 룰을 확인해 둡시다 • 018

담배는 지정된 장소에서 피우고 휴대폰은 전원을 끄거나 진동으로 해둡시다 • 019

티잉 그라운드를 자유롭게 사용하도록 합시다 • 019

볼은 5분 안에, 모두가 같이 찾도록 합시다 • 020

예비의 볼과 클럽을 준비합시다 • 021

코스를 보호합시다 • 021

디봇은 원위치 하거나 모래를 채웁시다 • 022

다른 홀에는 양해를 구하고 들어가도록 합시다 • 022

벙커안의 정리를 잊지 않도록 합시다 • 023

벙커의 출입은 낮은 부분으로 합시다 • 023

샷의 준비는 미리 해 둡시다 • 024

볼 마크는 반드시 수리합시다 • 024

퍼트 라인과 홀 주위는 절대로 밟지 않도록 주의합시다 • 025

홀 아웃 후에는 되도록 빨리 그린을 벗어납시다 • 026

코스 위의 모든 사람을 배려하도록 합시다 • 026

티잉 그라운드 Teeing Ground · 027

001 스타트 시간에 늦었다 · 028
002 틀린 것을 알려주었다 · 029
003 동반경기자에게 홀까지의 거리를 물었다 · 030
004 동반경기자에게 사용한 클럽을 물었다 · 031
005 표시를 해두었다 샷을 하기 전에 치웠다 · 032
006 스타트 전 클럽에 납을 붙였다 · 033
007 실수로 동반경기자의 클럽을 사용하였다 · 034
008 승낙을 얻어 동반경기자의 클럽을 사용하였다 · 035
009 가방 안에 부적합 클럽이 들어 있었다 · 036
010 티잉 그라운드 옆에서 연습을 하였다 · 037
011 동반경기자에게 볼을 빌렸다 · 038
012 티업할 곳을 고르고 볼 뒤의 잔디도 밟았다 · 039
013 어드레스 이후에 볼이 티에서 떨어졌다 · 040
014 헛스윙으로 티에서 떨어진 볼을 다시 티업하여 쳤다 · 041
015 헛스윙을 한 뒤 티의 높이를 조절하였다 · 042
016 12cm의 티를 사용하였다 · 043
017 티잉 그라운드 밖에 서서 샷을 하였다 · 044
018 다른 티잉 그라운드에서 샷을 하였다 · 045
019 티잉 그라운드 밖에서 친 볼이 OB로 들어갔다 · 046
020 티 마커를 치우고 티샷을 하였다 · 047
021 티 마커의 위치를 수정한 후 샷을 하였다 · 048
022 타순을 착각하여 티샷을 다시 하였다 · 049
023 티샷한 볼이 행방불명이다 · 050
024 아무런 말없이 잠정구를 쳤다 · 051
025 티샷 후 곧바로 언플레이블 선언하였다 · 052
026 코스 가이드북을 보면서 플레이하였다 · 053

스루 더 그린 Through the Green · 054

- **027** 15개의 클럽을 가지고 있었다 · 055
- **028** 스타트 전에 불사용 선언을 한 클럽을 휴대하였다 · 056
- **029** 동반경기자가 일방적으로 어드바이스를 하였다 · 057
- **030** 미스샷의 원인을 동반경기자에게 물었다 · 058
- **031** 동반경기자가 큰소리로 중얼거렸다 · 059
- **032** "나라면 언플레이어블 처리하겠다"고 말한다 · 060
- **033** 옆 홀에서 날아온 볼을 돌려주었다 · 061
- **034** 후속 팀에서 날아온 볼을 되돌려 보냈다 · 062
- **035** 진흙투성이의 볼을 닦아 확인하였다 · 063
- **036** 볼 뒤의 잔디를 밟아 눌렀다 · 064
- **037** 볼 옆의 디봇을 원위치 시켰다 · 065
- **038** 클럽으로 나뭇가지를 부러뜨렸다 · 066
- **039** 디봇을 원위치 한 후에 OB임을 알았다 · 067
- **040** 드롭할 장소를 먼저 고르고 드롭하였다 · 068
- **041** 발판을 만들어 샷을 하였다 · 069
- **042** OB말뚝을 제거하였다 · 070
- **043** 거리 표시 말뚝을 제거하였다 · 071
- **044** 동반경기자의 볼을 쳤다 · 072
- **045** OB라인에 걸쳐 있는 볼을 쳤다 · 073
- **046** 5분이 지난 후 찾은 볼로 샷을 하였다 · 074
- **047** 스윙 도중 볼이 움직여 스윙을 멈추었다 · 075
- **048** 스윙 도중 볼이 움직였으나 샷을 하였다 · 076
- **049** 볼이 클럽에 두 번 맞았다 · 077
- **050** OB라는 사실을 모르고 샷을 하였다 · 078
- **051** 원구를 포기하고 잠정구를 쳤다 · 079
- **052** 퍼팅 그린에서 자신의 볼이 아닌 것을 알았다 · 080

053 바뀐 볼을 오소에 드롭하여 샷을 하였다 • 081
054 캐디가 자신의 볼을 집어 올렸다 • 082
055 동반경기자의 볼을 실수로 밟았다 • 083
056 낙엽을 치우다 볼을 움직였다 • 084
057 연습 스윙을 하다 볼을 움직였다 • 085
058 날려 온 나뭇가지에 맞은 볼이 연못에 빠졌다 • 086
059 어드레스 하려하자 볼이 움직였다 • 087
060 어드레스 이후에 볼이 가라앉았다 • 088
061 어드레스 이후에 볼이 굴러 OB로 들어갔다 • 089
062 구제받기를 포기하고 볼을 원위치 하였다 • 090
063 볼이 공용 카트에 맞았다 • 091
064 새가 볼을 물고 가버렸다 • 092
065 머리 위 높이에서 드롭하였다 • 093
066 드롭한 볼이 발에 맞았다 • 094
067 드롭한 볼이 5미터 정도 굴렀다 • 095
068 3번 드롭하였다 • 096
069 러프에서 드롭한 볼이 페어웨이에서 멈추었다 • 097
070 드롭하여 일단 멈추었던 볼이 OB로 들어갔다 • 098
071 플레이스한 볼이 멈추지 않는다 • 099
072 볼이 자신의 몸에 맞았다 • 100
073 동반경기자의 볼을 맞힌 볼이 OB로 들어갔다 • 101
074 동시에 샷을 한 볼이 부딪쳤다 • 102
075 플레이 선상의 동반경기자의 볼이 거슬린다 • 103
076 볼에 붙어 있는 잔디를 떼어냈다 • 104
077 나무의 지주가 스윙의 방해가 된다 • 105
078 나무뿌리 사이에 볼이 있다 • 106
079 철망에 볼이 걸려 멈추었다 • 107
080 배수구 덮개 위에 볼이 멈춰 있다 • 108
081 수리지 안에서 자신의 볼을 움직였다 • 109
082 수리지 표시선 위에서 샷을 하였다 • 110
083 수리지의 나뭇가지가 스윙의 방해가 된다 • 111
084 스탠스를 취하면 물이 스며 나온다 • 112

085 러프에서 볼이 박혀버렸다 • 113
086 페어웨이에서 볼이 박혀버렸다 • 114
087 볼 마크 안에만 물이 고여 있다 • 115
088 장해물 안에서 볼을 분실하였다 • 116
089 변칙 스트로크 자세로 구제를 받았다 • 117
090 두더지가 파놓은 구멍 안에 볼이 있다 • 118
091 구제조치 후 다른 구제조치가 필요하다 • 119
092 수리지 안의 고인 물속에 볼이 있다 • 120
093 언플레이어블의 조치를 하려다 다른 조치를 하였다 • 121
094 플레이 금지 구역에 드롭하였다 • 122
095 분실구가 홀 안에서 발견되었다 • 123
096 다른 볼을 드롭한 후에 볼을 찾았다 • 124
097 분실구 선언을 한 후에 볼을 찾았다 • 125
098 누구의 볼인지 알 수가 없다 • 126
099 홀에 더 가까운 잠정구를 먼저 쳤다 • 127
100 나무 위의 볼을 흔들어 떨어뜨렸다 • 128
101 자신의 볼인지 확인할 수가 없다 • 129
102 확인은 하였으나 회수가 불가능하다 • 130
103 드롭한 볼이 원위치로 굴러갔다 • 131
104 헛스윙 후에 언플레이어블 선언을 하였다 • 132
105 아무런 말없이 깨진 볼을 바꾸었다 • 133
106 OB의 볼을 동반경기자가 집어 올렸다 • 134
107 라운드 중에 연습도구를 사용하였다 • 135
108 클럽을 내던졌는데 부러져 버렸다 • 136
109 번개가 쳐 플레이를 중단하였다 • 137
110 마커의 말대로 구제 조치를 하였다 • 138
111 거리 측정기를 사용하였다 • 139

벙커 Bunker • 140

- 112 클럽이 모래에 닿았다 • 141
- 113 옆 벙커에서 테스트를 하였다 • 142
- 114 백스윙을 하다가 나뭇가지를 건드렸다 • 143
- 115 볼을 찾기 위하여 낙엽을 움직였다 • 144
- 116 종이컵을 치우다가 볼과 낙엽을 움직였다 • 145
- 117 나뭇가지를 치우다 볼을 움직였다 • 146
- 118 볼에 다가가다 낙엽을 건드렸다 • 147
- 119 모래에 손을 짚었다 • 148
- 120 모래를 고르고 드롭하였다 • 149
- 121 클럽으로 모래를 내리쳤다 • 150
- 122 스탠스를 취하자 볼이 움직였다 • 151
- 123 벙커 안에 놓아둔 클럽에 볼이 맞았다 • 152
- 124 벙커 밖의 볼을 치려다 클럽이 모래에 닿았다 • 153
- 125 처음의 벙커에서 모래를 테스트 하였다 • 154
- 126 탈출에 실패하고서도 모래를 골랐다 • 155
- 127 고무래를 치우다 생긴 발자국을 고르고 샷을 하였다 • 156
- 128 가파른 경사면을 허물어 스탠스를 취하였다 • 157
- 129 스탠스를 취한 후 클럽을 바꾸었다 • 158
- 130 연습 스윙을 할 때마다 클럽이 모래에 닿았다 • 159
- 131 고무래를 사용하여 볼을 찾았다 • 160
- 132 확인을 위하여 볼을 집어 올렸다 • 161
- 133 동반경기자의 볼을 쳤다 • 162
- 134 볼이 모래를 뒤집어썼다 • 163
- 135 탈출시킨 볼이 다시 굴러 들어왔다 • 164
- 136 벙커 안의 고인 물에 클럽이 닿았다 • 165
- 137 벙커 안의 고인 물속에 볼이 있다 • 166
- 138 벙커 안이 빗물로 가득 차 있다 • 167
- 139 구제조치로 벙커 안에 드롭하였다 • 168
- 140 동반경기자의 볼이 방해가 된다 • 169
- 141 드롭한 볼이 모래에 묻혀 재드롭 하였다 • 170

워터 해저드 Water Hazard · 171

142 연못에 볼이 빠졌다(황색 말뚝) · 172
143 개천에 볼이 빠졌다(적색 말뚝) · 173
144 말뚝 옆에 볼이 멈추어 있다(황색, 적색말뚝) · 174
145 볼을 확인하기 위하여 낙엽을 치웠다 · 175
146 볼 위의 낙엽을 치웠는데 동반경기자의 볼이었다 · 176
147 볼을 찾는데 클럽을 이용하였다 · 177
148 클럽이 풀에 닿았다 · 178
149 다리 위의 고인 물에 클럽이 닿았다 · 179
150 연못 위의 나뭇가지에 볼이 걸려 있다 · 180
151 스탠스가 해저드에 걸려 재드롭하였다 · 181
152 드롭 대신에 플레이스하였다 · 182
153 해저드 밖으로 넘쳐 흐른 물속에 볼이 있다 · 183
154 추측하고 드롭하여 샷을 하였다 · 184
155 OB를 낸 후에 구제조치를 선택하였다 · 185
156 원구와 잠정구가 연못 안에서 발견되었다 · 186
157 온 그린에 성공한 볼이 굴러 연못에 빠졌다 · 187
158 그린 뒤에서 친 볼이 연못에 빠졌다 · 188
159 개울에 빠진 볼이 흘러 OB로 들어갔다 · 189
160 개울에 빠진 볼을 집어 올렸다 · 190
161 물속에서 움직이고 있는 볼을 쳤는데 오구였다 · 191

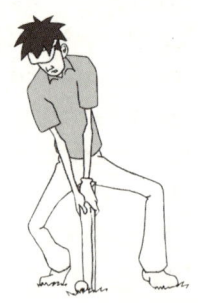

퍼팅 그린 Putting Green · 192

- 162 퍼팅 그린 밖에 있는 볼을 먼저 쳤다 · 193
- 163 기다리는 동안 퍼팅 연습을 하였다 · 194
- 164 'OK'라고 해서 볼을 그냥 집어 올렸다 · 195
- 165 동반경기자에게 볼의 마크를 부탁하였다 · 196
- 166 컬러에서 볼을 마크하고 집어 올렸다 · 197
- 167 마크하다가 볼을 움직였다 · 198
- 168 볼 마커가 클럽에 달라붙어 움직였다 · 199
- 169 마크를 하지 않고 볼을 집어 올렸다 · 200
- 170 마크를 하지 않고 볼을 돌려 놓았다 · 201
- 171 티로 마크하였다 · 202
- 172 볼 마커를 원위치 하지 않고 퍼팅하였다 · 203
- 173 볼 마커를 치우지 않았는데 볼이 움직였다 · 204
- 174 개가 볼을 물고 달아났다 · 205
- 175 캐디가 볼을 집어 올려 닦았다 · 206
- 176 캐디가 리플레이스 하였다 · 207
- 177 캐디가 목표점을 가르쳐 주었다 · 208
- 178 캐디가 목표점을 가르쳐 주었다 · 209
- 179 어드레스 이후에 볼이 홀인하였다 · 210
- 180 어드레스를 취한 후에 뒤로 잠시 물러났다 · 211
- 181 동반경기자가 퍼트 라인 위에 상처를 냈다 · 212
- 182 퍼트 라인 위를 실수로 걸었다 · 213
- 183 볼 마크를 수리하였다 · 214
- 184 스파이크 자국을 수리하였다 · 215
- 185 퍼트 라인 위의 모래를 모자로 치웠다 · 216
- 186 퍼트 라인 위의 잔디를 뜯었다 · 217
- 187 퍼트 라인 위에 물이 고여 있다 · 218
- 188 퍼트 라인을 걸치고 서서 퍼팅하였다 · 219
- 189 캐디가 퍼트 라인의 후방 연장선상에 서 있었다 · 220
- 190 예비의 퍼팅 그린 위에 볼이 있다 · 221

191 퍼팅 그린에 스탠스가 걸린다 · 222
192 퍼터에 기대고 있다 샤프트가 휘었다 · 223
193 손바닥으로 잔디를 문질렀다 · 224
194 캐디에게 볼을 굴려 던졌다 · 225
195 퍼터의 밑면으로 퍼팅하였다 · 226
196 다른 볼로 퍼팅하였다 · 227
197 우산을 쓴 채 한손으로 퍼팅하였다 · 228
198 동반경기자의 볼이 움직이고 있는 동안에 퍼팅하였다 · 229
199 동반경기자의 볼 마커 위치에서 퍼팅하였다 · 230
200 승인 없이 동반경기자가 깃대를 뽑아 들었다 · 231
201 깃대와 홀 사이에 끼어있는 볼을 그냥 집어 올렸다 · 232
202 깃대를 뽑자 볼이 튀어나왔다 · 233
203 퍼트한 볼이 깃대에 맞았다 · 234
204 볼에 맞기 직전에 깃대를 치웠다 · 235
205 퍼트한 볼이 동반경기자의 볼에 맞았다 · 236
206 퍼트한 볼이 캐디의 발에 맞았다 · 237
207 퍼트한 볼이 걷고 있던 동반경기자의 발에 맞았다 · 238
208 동시에 퍼트한 볼이 부딪쳤다 · 239
209 집어 올려 놓아둔 볼에 맞았다 · 240
210 그린 밖에서 샷을 한 볼이 그린 위의 볼에 맞았다 · 241
211 홀 끝에 걸린 볼이 40초 후에 홀인하였다 · 242

스코어 카드 Score Card · 243

212 틀린 스코어 카드를 제출하였다 · 244
213 합계가 틀린 스코어 카드를 제출하였다 · 245
214 자신과 마커의 서명이 뒤바뀌었다 · 246
215 이니셜로 서명을 대신하였다 · 247
216 마커가 서명한 후에 스코어를 정정하였다 · 248
217 핸디캡을 많게 신고하였다 · 249
218 스코어 카드를 분실하였다 · 250
219 스코어 대신 홀의 번호를 고쳤다 · 251

부록 · 252

개정된 규칙의 주요 변경 사항 · 253
용어해설 · 256
구제 조치 방법 · 273
야드―미터 환산표 · 287

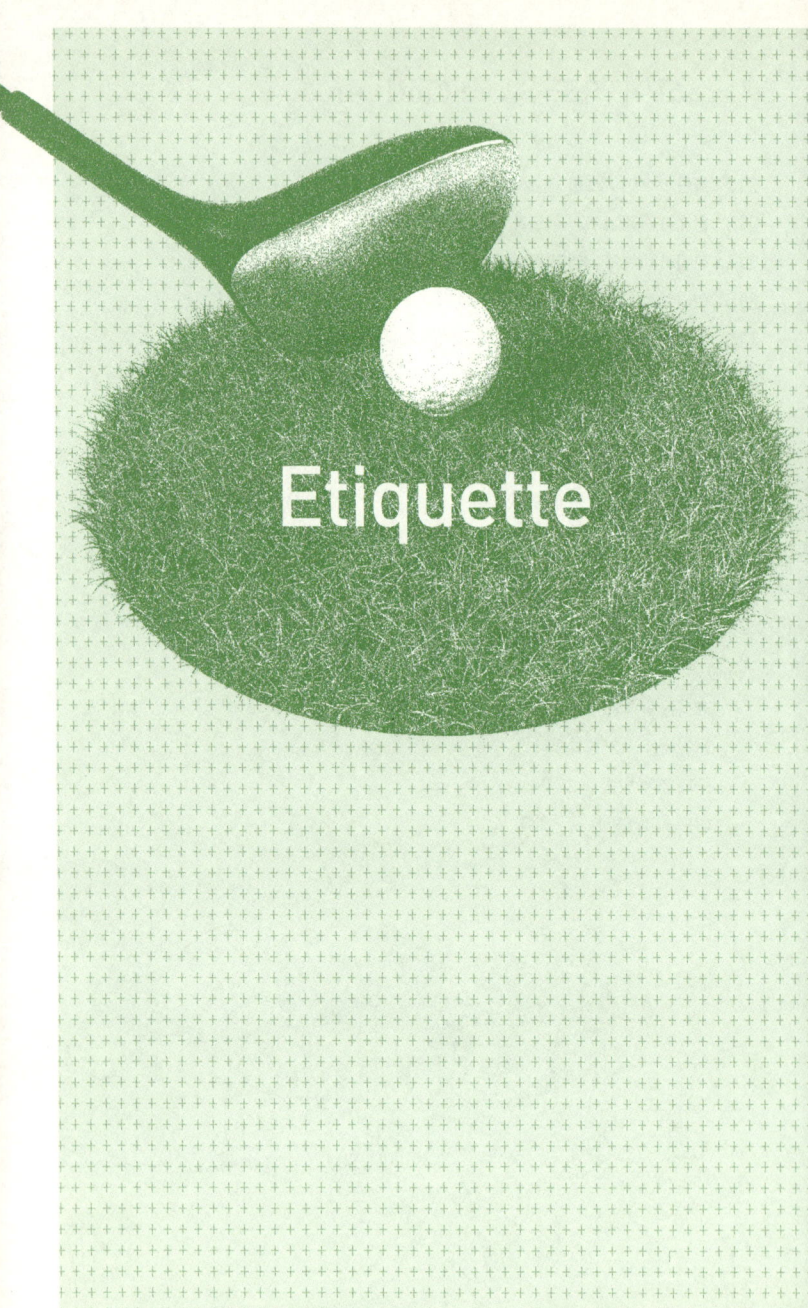

항상 안전을 확인합시다

스트로크나 연습 스윙을 하기 전에는 반드시 위험한 곳에 누가 있는지, 자신의 볼이 도달할 수 있는 범위의 거리에 다른 경기자나 작업하는 사람이 있는지 등의 안전을 꼭 확인하도록 합시다. 만약, 스트로크한 볼이 누군가에게 맞을 수 있는 방향으로 날아가는 경우에는 큰소리로 포어!~하고 곧바로 그 사람들에게 위험을 알려주도록 합시다. 코스 위에 있는 모든 사람들이 서로의 안전을 위하여 항상 주의를 기울이고, 서로 배려하는 것은 모두가 골프를 즐기기 위한 에티켓의 기본입니다.

스타트 시간을 지킵시다

스타트 시간을 지키지 않는 것은 자신뿐만 아니라 모두에게 폐를 끼치는 일입니다. 조금 일찍 서두르고, 라운드 전의 연습은 가볍게 하고, 가능한 스타트 시간 5분전에는 스타트 지점에서 대기하도록 합시다.

로컬 룰을 확인해 둡시다

로컬 룰이란 코스의 특수 조건상 코스의 보호와 원활한 플레이 진행 등을 위해 그 코스에서만 적용되는 특별한 규칙을 위원회가 독자적으로 정해놓은 것입니다. 보통 게시판이나 스코어 카드에 기재되어 있으므로 라운드 전에 미리 확인해 두도록 합시다.

담배는 지정된 장소에서 피우고, 휴대폰은 전원을 끄거나 진동으로 해둡시다

담배는 지정된 장소에서 피우고, 휴대폰은 전원을 끄거나 진동으로 해두고 다른 경기자들에게 피해가 없도록 통화는 조용히, 짧게 하도록 합시다.

티잉 그라운드를 자유롭게 사용하도록 합시다

누군가 티샷을 준비하고 있을 때에는 티잉 그라운드를 자유롭게 사용할 수 있도록 티잉 그라운드에 올라가 서 있거나, 연습 스윙을 하거나, 미리 티업을 해 놓는 일이 없도록 합시다. 또 샷을 할 때에는 시야에 들어오는 곳에 서 있거나, 소리를 내거나, 움직이지 않도록 하고 서로가 볼의 행방을 확인합시다.

볼은 5분 안에,
모두가 같이 찾도록 합시다

누군가의 볼이 러프나 숲 등으로 들어간 경우에는 그 볼을 찾는 것에 모두가 동참하는 세련된 동반자 매너를 보여주도록 합시다.
볼을 찾는데 허락된 시간은 5분이지만 모두가 동참하면 그 몇 배의 시간이 됩니다. 볼을 찾는 5분이라는 시간을 꼭 지키고, 볼을 찾느라 선행 팀과 간격이 너무 벌어지거나, 후속 팀이 기다리고 있는 경우에는 지체 없이 후속 팀을 패스시키고, 그 팀원 모두가 볼의 도달거리를 벗어난 이후에 플레이를 재개하도록 합시다. 패스는 모든 팀을 배려하고, 모두가 즐길 수 있게 하는 에티켓의 기본입니다.

예비의 볼과 클럽을 준비합시다

볼이 있는 곳으로 갈 때에는 다시 볼을 가지러 가거나 클럽을 바꾸러 카트가 있는 곳으로 왔다 갔다 하지 않도록 주머니에 예비의 볼을 넣어두고, 사용할 가능성이 있는 클럽을 2,3개 가지고 가도록 합시다.

코스를 보호합시다

연습 스윙을 하면서 디봇을 만드는 것은 피하도록 합시다. 코스를 보호하는 것은 모두가 즐겁게 플레이하고 다른 플레이어에게 불공평한 상황을 제공하지 않기 위하여 꼭 필요합니다.

디봇은 원위치 하거나 모래를 채웁시다

디봇은 반드시 원위치 해 놓거나, 디봇 자국에 모래를 채워 넣고 가볍게 발로 밟아 다져두도록 합시다.

다른 홀에는 양해를 구하고 들어가도록 합시다

볼이 인접한 홀로 날아간 경우에는 반드시 그 홀에서 플레이 중인 분들에게 양해를 구하고 들어가도록 합시다. 다른 홀에 들어가면서 미리 양해를 구하는 것은 매너의 기본이며, 불미스러운 사고를 미연에 방지하기 위해서도 반드시 필요합니다.

벙커 안의 정리를 잊지 않도록 합시다

벙커샷을 한 후에 모래를 고를 때에는 홀 방향으로 골라 두어야 다른 사람에게 부당한 장해를 주는 것을 최소한으로 줄일 수 있습니다. 또한 벙커레이크(고무래)는 금방 사용할 수 있도록 벙커 근처에 놓아두도록 합시다.

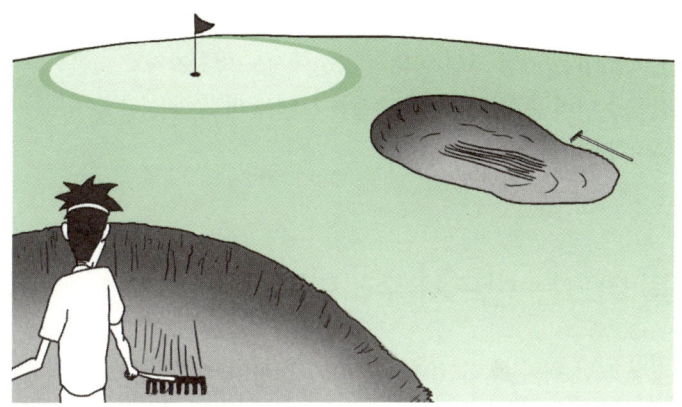

벙커의 출입은 낮은 부분으로 합시다

벙커의 출입은 홀에서는 멀고, 볼에서는 가까운 턱이 낮은 부분으로 하도록 합시다.

샷의 준비는 미리 해 둡시다

동반경기자가 플레이하고 있는 동안에도 방해가 되지 않는 범위 안에서 미리 자신의 퍼트 라인을 읽거나, 거리를 재두어 자신의 순서가 오면 곧바로 퍼팅할 수 있도록 준비합시다. 퍼팅 그린 이외의 장소에서도 마찬가지로 다음 샷의 전략을 미리 준비해 자신의 순서가 오면 곧바로 샷을 할 수 있도록 준비합시다.

볼 마크는 반드시 수리합시다

퍼팅 그린 위의 볼 마크(피치 마크)나 스파이크 자국은 반드시 수리하도록 합시다. 수리할 때는 잔디의 뿌리가 끊어지지 않도록 바깥쪽에서 안쪽으로 모으듯이 하고, 들어간 부분을 들어 올려 클럽 등으로 가볍게 눌러서 평평하게 합시다. 퍼팅하기 전에 수리할 수 있는 것은
볼 마크와 사용한 홀을 메운 자국 뿐,
스파이크에 의한 상처나 자국은
모두가 홀 아웃 한
이후에 고치도록
합시다.

퍼트 라인과 홀 주위는
절대 밟지 않도록 주의합시다

동반경기자의 퍼트 라인과 홀 주위 30cm 정도는 절대 밟지 않도록 주의합시다. 밟아서 상처가 생기면 퍼트 라인이 미묘하게 변하게 되어 플레이에 영향을 주게 되므로 퍼트 라인과 홀 주위 30cm 정도는 절대로 밟지 않도록 합시다.

홀 아웃 후에는 되도록 빨리 그린을 벗어납시다

모두가 홀 아웃 하면 홀에 상처가 나지 않도록 조심스럽게 깃대를 수직으로 세워 꽂은 후 되도록 빨리 퍼팅 그린을 벗어나도록 합시다. 퍼팅 그린에서 뛰는 것은 안 되고, 스코어의 기록은 퍼팅 그린을 벗어난 이후에 하도록 합시다.

코스 위의 모든 사람을 배려하도록 합시다

골프를 모두가 즐겁게 플레이하기 위한 최선의 방법은 코스 위에 있는 사람들이 서로를 항상 배려해야 한다는 것이고, 상대방을 배려하기 위해 필요한 최소한의 장치가 에티켓이라는 점을 기억하도록 합시다.

Teeing Ground

001 스타트 시간에 늦었다

스타트 시간이 08:00시인데 예상하지 못한 교통정체로 인하여 08:05분에 도착하였다.

✓ 경기실격

공식 경기에서의 스타트 시간이란 플레이가 가능한 상태로 티잉 그라운드에 도착해 있어야 할 시간을 의미하므로 경기실격 처리된다. 단, 위원회는 플레이어가 자신의 스타트 시간 이후 5분 이내에, 플레이가 가능한 상태로 스타트 지점에 도착한 경우에는 경기실격 대신에 1번 홀에 2페널티를 부과한다는 경기조건을 규정할 수 있다. 규칙 6-3a,3 註 재정 6-3a/2,2,5

002 티업 위치가 틀린 것을 알려주었다

티잉 그라운드 밖에서 티업을 한 동반경기자에게
'배꼽이 튀어나왔다'고 농담조로 알려주었고,
동반경기자는 티업 위치를 정정하여 샷을 하였다.

✓ 0 페널티 / 그대로 계속 플레이

동반경기자에게 규칙을 알려준 것이므로 어드바이스에 해당하지 않는다. 어드바이스란 플레이에 있어서의 결단, 클럽의 선택, 스트로크 방법에 영향을 미치는 조언이나 시사를 말한다. 만약, 티잉 그라운드 밖에서 티샷을 하는 경우에는 2페널티를 부과하고, 티잉 그라운드 안에서 정정하여 3번째 샷을 하지 않으면 안 된다. 정정하지 않고 다음 홀의 티잉 그라운드에서 스트로크를 하거나, 라운드 마지막 홀에서는 정정할 의사표시 없이 퍼팅 그린을 벗어나는 경우 경기실격 처리된다. 정의 3 규칙 8-1, 11-4b

003 동반경기자에게 홀까지의 거리를 물었다

동반경기자에게 자신의 볼에서 홀까지의 거리가
어느 정도인지 물었더니 가르쳐 주었다.

✓ 0 페널티/그대로 계속 플레이

두 점간의 거리에 관한 정보는 규칙, 해저드의 위치, 홀의 위치 등과 마찬가지로 공지사항에 해당하므로 어드바이스로 간주하지 않는다. 따라서 동반경기자, 그의 캐디 등 어느 누구와도 정보교환이 가능하다. (2008년 명확화) 규칙 8-1 재정 8-1/1,2,3

004 동반경기자에게 사용한 클럽을 물었다

클럽의 선택을 망설이다 먼저 타샷을 한 동반경기자에게
어떤 클럽을 사용하였는지 물었더니 가르쳐 주었다.

✓ 2 페널티(두 사람 모두)/그대로 계속 플레이

플레이에 있어서의 결단, 클럽의 선택, 스트로크의 방법에 영향을 미치는 조언이나 시사를 어드바이스라 한다. 어드바이스가 서로 가능한 사람은 자신의 캐디, 파트너, 파트너의 캐디뿐이다. 동반경기자에게 어드바이스를 구하거나, 어드바이스를 해주면 2페널티를 부과한다. 정의 3 규칙 8-1

005 표시를 해두었다 샷을 하기 전에 치웠다

바른 정렬을 위하여 클럽을 플레이 선과 평행이 되도록
놓아두고 스탠스를 취한 뒤 샷을 하기 전에 치웠다.

✓ 0 페널티/그대로 계속 플레이

퍼팅 그린 이외의 장소에서는 플레이 선(볼을 보내고자 하는 방향)의 지시나 표시를 허락하고 있다. 하지만 스트로크 이전에 제거하지 않으면 2페널티를 부과한다. 클럽을 치울 때도 클레임이 없도록 오해의 소지가 없는 곳에 치우도록 한다.

규칙 8-2a 재정 8-2a/1,2

006 스타트 전 클럽에 납을 붙였다

라운드 스타트 전 드라이버에 납을 붙여
중량을 조절해 두었다.

✓ 0 페널티 / 그대로 계속 플레이

정규 라운드 도중에 납을 붙이거나 떼거나 하여 클럽의 성능을 변경, 조절하면 경기실격 처리되지만, 스타트 전이라면 가능하다. 만약 스타트 전에 붙여두었던 납이 통상적인 플레이 도중에 떨어지거나, 벗겨진 경우에는 그대로 계속 플레이 하거나, 원위치에 원래대로 붙일 수가 있다. 하지만 통상적인 플레이가 아닌 이유로 클럽의 성능이 변경되거나 손상을 입은 경우에는 이후의 라운드 중에 사용하여서는 안 되고, 사용하는 경우 경기실격 처리된다.

부속규칙 II 1b 규칙 4-2a, 3a, 3b 재정 4-1/4, 4-2/0.5

007 실수로 동반경기자의 클럽을 사용하였다

매점에 들르느라 조금 지체하여 서둘러 공용 캐디가 건네준 클럽으로 샷을 하였는데 동반경기자의 클럽이었다.

✓ 2 페널티/불사용 선언 후 계속 플레이

캐디의 실수에 대한 책임은 플레이어에게 있고, 플레이어가 사용할 수 있는 클럽은 그 라운드를 위하여 자신이 선택한 14개 이내의 클럽에 한한다. 실수 여하에 관계없이 동반경기자의 클럽을 사용하면 2페널티를 부과한다. 1라운드 최대 4페널티까지 부과하고, 이후로는 그 클럽을 사용하지 않을 것(불사용)을 선언하지 않으면 경기실격 처리된다. 동반경기자에게 클럽을 돌려주면 불사용 선언을 한 것으로 간주한다. 규칙 4-4a,4c

008 승낙을 얻어 동반경기자의 클럽을 사용하였다

동반경기자의 드라이버가 마침 구입을
망설이고 있던 모델이어서 승낙을 얻어
동반경기자의 드라이버로 티샷을 하였다.

✓ 2 페널티 / 불사용 선언 후 계속 플레이

플레이어가 사용할 수 있는 클럽은 그 라운드를 위하여 자신이 선택한 14개 이내의 클럽에 한한다. 또 자신과 파트너와의 클럽의 합계가 14개를 초과하지 않는 범위 안에서 파트너끼리 클럽을 공용할 수도 있다. 그러나 그 코스에서 플레이하고 있는 다른 경기자의 클럽을 추가하거나 빌려서는 안 된다. 위반한 경우에는 2페널티를 부과하고, 1라운드 최대 4페널티까지 부과한다. 규칙 4-4

009 가방 안에 부적합 클럽이 들어 있었다

3번 티잉 그라운드로 이동하던 중 자신의 가방 안에
아직 사용하지는 않은 고반발 드라이버(부적합 클럽)가
들어 있음을 알았다.

✓ 4 페널티/불사용 선언 후 계속 플레이

개정된 규칙에 따라 부적합 클럽을 사용하지는 않고 휴대하고 있는 경우에는 경기실격 처리하지 않고, 위반이 있었던 홀에 2페널티를 부과하고 1라운드 최대 4페널티까지 부과한다. 이후에도 그 클럽을 사용하지 않겠다는 선언(불사용 선언)을 하지 않거나, 부적합 클럽을 사용하면 경기실격 처리된다. (2008년 개정) 규칙 4-1

010 티잉 그라운드 옆에서 연습을 하였다

선행 팀의 플레이가 끝나기를 기다리며
티잉 그라운드 옆에서 칩핑 연습을 하였다.

✓ 0 페널티 / 그대로 계속 플레이

플레이어가 한 홀의 플레이 중인 경우와 홀과 홀 사이에서는 연습 스트로크가 금지되어 있다. 하지만 해저드에서 연습 스트로크를 하지 않고, 플레이를 부당하게 지연시키지 않으면

a. 플레이를 방금 마친 퍼팅 그린과 그 근처
b. 연습 퍼팅 그린과 그 근처
c. 다음 홀의 티잉 그라운드와 그 근처에서는 퍼팅이나 칩핑 연습은 할 수가 있다. 위반한 경우에는 2페널티를 부과한다. 규칙 7-2

011 동반경기자에게 볼을 빌렸다

샷이 안정을 찾지 못해 결국 가지고 있던 볼이 하나도
남지 않아 동반경기자에게 볼을 빌렸다.

✓ 0 페널티/그대로 계속 플레이

동반경기자에게 클럽은 빌릴 수 없지만, 그 이외의 볼, 장갑, 티, 수건 등의 용구는 빌릴 수가 있다. 단, 원볼 조건의 경기에서는 같은 브랜드, 같은 모델의 볼만을 사용하여야 하고, 또 빌릴 수가 있다. 위반한 경우에는 2페널티를 부과하고 1라운드 최대 4페널티까지 부과한다. 부속규칙 I(C)1c 재정 5-1/5

012 티업할 곳을 고르고
볼 뒤의 잔디도 밟았다

티업할 곳을 미리 고른 후에 티업을 하고,
볼 뒤의 잔디도 밟아 눌렀다.

✓ 0 페널티/그대로 계속 플레이

다른 장소에서의 라이의 개선은 2페널티를 부과하지만, 티잉 그라운드에 한하여 볼의 인 플레이 상태와 상관없이 지면을 돋우거나, 울퉁불퉁한 곳을 고르거나, 잔디를 밟거나 뜯는 등의 행위가 허락된다. 스트로크를 한 볼이 아직 티잉 그라운드 위에 있는 경우에도 볼 뒤의 잔디를 밟거나 뜯어도 페널티가 없다.

규칙 13-2 재정 13-2/2,3 註 : 라이(Lie)-볼이 놓여있는 곳의 상황, 상태.

013 어드레스 이후에 볼이 티에서 떨어졌다

어드레스를 취하고 긴장을 풀기 위해 왜글을 하다가
클럽이 볼에 닿아 볼이 티에서 떨어지고 말았다.

✓ 0 페널티 / 티업하여 계속 플레이

볼을 치려는 의사를 가지고 클럽을 전 방향으로 움직이는 동작, 즉 스트로크를 하였을 때 인 플레이의 볼이 된다. 볼을 치려는 의사가 없는 왜글이나 연습 스윙은 스트로크가 아니고, 볼도 인 플레이 상태가 아니므로 움직여도 페널티가 없고, 볼을 다시 티업하여 샷을 하면 된다. 바람에 의해 볼이 티에서 떨어진 경우, 어드레스를 취하는 도중에 볼이 티에서 떨어진 경우 등도 마찬가지로 볼을 다시 티업하여 샷을 한다. 정의 7,53 규칙 11-3

註 : 왜글(Waggle)—스윙 전에 클럽을 가볍게 흔드는 동작.

014 헛스윙으로 티에서 떨어진 볼을 다시 티업하여 쳤다

긴장을 한 탓인지 헛스윙을 하였고, 그 영향으로 볼이 티에서 떨어졌다. 창피하기도 하여 재빨리 다시 티업하여 샷을 하였다.

✓ 1 페널티/그대로 계속 플레이

플레이어가 볼을 치려는 의사를 가지고 스윙을 하였으므로 헛스윙도 명백한 스트로크에 해당한다. 따라서 그 스트로크에 의하여 움직인 볼은 인 플레이의 볼이므로 멈춘 곳에서 플레이를 계속하는 것이 원칙이다. 인 플레이 볼을 움직였고, 또 리플레이스 하지 않고 샷을 하였음으로 4번째 샷을 하였다고 할 수 있다. 하지만 위의 상황과 같이 원래의 위치에서 플레이한 경우에는 〈스트로크와 거리의 벌〉에 의거하여 플레이한 것으로 간주하여 다시 티업하여 친 볼을 3번째 샷을 한 인 플레이볼로 간주한다. 다음 샷은 4번째 샷이 된다. 정의7 규칙 27-1a, 18-2a 재정 18-2a/2
규칙 27-1a를 규칙 18-2a보다 우선시 함.

015 헛스윙을 한 뒤 티의 높이를 조절하였다

기합을 넣어 스윙을 하였으나 클럽은 공기만 가르고 볼은 티 위에 그대로 남아 있다. 티가 너무 낮은 것이 원인이라고 판단하고 티를 약간 들어 올린 후 다시 샷을 하였다.

✓ 1 페널티/그대로 계속 플레이

플레이어가 볼을 치려는 의사를 가지고 스트로크를 한 경우 볼은 인 플레이의 상황이 된다. 인 플레이의 볼을 아무런 이유없이 움직였으므로 1페널티를 부과하고, 볼은 리플레이스하지 않으면 안 된다. 하지만 위의 상황에서는 플레이어가 원래의 위치에서 〈스트로크와 거리의 벌〉에 의거하여 플레이한 것으로 간주하여 1페널티만 부과한다. 다음 샷은 4번째 샷이 된다.

정의7 규칙27-1a, 18-2a 재정18-2a/1 규칙27-1a를 규칙18-2a보다 우선시 함.

016 12cm의 티를 사용하였다

길이가 긴 티를 사용하는 것이 장타에 유리하다는
말을 듣고 12cm나 되는 티를 사용하였다.

✓ 경기실격

티는 볼을 지면에서 높게 올려놓기 위하여 디자인되어 고안된 물건으로 티의 길이는 4인치(101.6mm) 이하로 규정되어 있다. 티를 사용하지 않고 그대로 지면에서 또는 모래나 다른 자연물을 이용하는 것은 가능하나, 담뱃갑, 성냥갑, 종이컵 등의 부적합한 티를 사용하는 경우에는 경기실격 처리된다. 정의 55 규칙 11-1

017 티잉 그라운드 밖에 서서 샷을 하였다

티잉 그라운드 안에 티업한 볼을
티잉 그라운드 밖에 서서 샷을 하였다.

✓ 0 페널티/그대로 계속 플레이

볼이 올바른 티잉 그라운드 안에 위치하고 있다면 스탠스의 위치는 전혀 문제가 되지 않는다. 정의56 규칙11-1

018 다른 티잉 그라운드에서 샷을 하였다

착각으로 레귤러(흰색)티가 아닌
챔피언(청색)티에서 티샷을 하였다.

✓ 2 페널티/올바른 티잉 그라운드에서 정정하여 계속 플레이

자신에게 더 불리한 곳에서 샷을 하였는데 페널티를 부과하는 것은 부당하다고 생각할 수도 있겠지만, 규칙에 정해진 티잉 그라운드 밖에서 샷을 하는 경우에는 2페널티를 부과한다. 처음의 샷은 계산하지 않고 다음 샷은 3번째 샷이 된다. 만약 올바른 티잉 그라운드에서 정정하지 않고, 다음 티잉 그라운드에서 스트로크를 하거나, 라운드 마지막 홀인 경우 정정할 의사표시 없이 퍼팅 그린을 벗어나면 경기실격 처리된다. 규칙 11-4b,5

019 티잉 그라운드 밖에서 친 볼이 OB로 들어갔다

티잉 그라운드에서 볼 1개 정도 벗어난 곳에서
티샷을 하였는데, 볼은 OB로 들어가 버렸다.

✓ 2페널티/티잉 그라운드 안에서 정정하여 계속 플레이

겨우 볼 1개 정도 벗어난 곳이라 하더라도 정해진 티잉 그라운드 밖에서 샷을 하였으므로 볼의 행방에 관계없이 2페널티를 부과하고, 올바른 티잉 그라운드 안에서 정정하지 않으면 경기실격 처리된다. 처음에 티잉 그라운드 밖에서 친 볼은 인 플레이의 볼이 아니므로 OB의 페널티도 없다. 다음 샷은 3번째 샷이 된다.

규칙 11-4b,5 재정 11-4b/6

020 티 마커를 치우고 티샷을 하였다

티 마커가 티샷의 방해가 되어 티 마커를 치우고 샷을 한 후 원위치에 되돌려 놓았다.

✓ 2 페널티/그대로 계속 플레이

티 마커가 볼의 라이, 의도하는 스탠스, 스윙 구역의 방해가 된다는 이유로 플레이어가 최초의 스트로크를 하기 전에 티 마커를 움직인 경우에는 2페널티를 부과한다. 2번째 스트로크부터 티 마커는 움직일 수 있는 장해물이므로 페널티 없이 움직일 수 있다.

규칙 11-2, 13-2 24-1 재정 11-2/2

021 티 마커의 위치를 수정한 후 샷을 하였다

티 마커의 방향이 페어웨이가 아닌 전혀 엉뚱한 곳을 향하고 있어, 한 쪽의 티 마커를 옮겨 페어웨이 방향으로 향하도록 수정한 후에 티샷을 하였다.

✓ 경기실격

스트로크 전이나 후에 티 마커의 사이가 너무 좁다거나, 너무 뒤에 있다거나, 방향이 잘못되어 있다는 등의 개인적인 생각으로 티 마커를 움직이면 경기실격 처리된다. 단, 플레이어나 그 그룹의 어느 누구도 스트로크를 하기 전에 티 마커를 원래의 위치에 되돌려 놓으면 실격 처리하지 않고 2페널티를 부과한다.

규칙 11-2, 33-7 재정 11-2/2

022 타순을 착각하여 티샷을 다시 하였다

제일 먼저 티샷을 한 후 자신이 아너(Honor)가 아니라는 사실을 깨달았다. 그래서 모두가 티샷을 한 뒤 정정하여 티샷을 하였다.

✓ 1 페널티/2번째 볼로 계속 플레이

스트로크 플레이의 경우, 코스 어디에서건 단순히 타순을 틀렸다는 이유만으로는 페널티를 부과하지 않는다. 단, 경기자 중의 누군가를 유리하게 하기 위하여 타순을 바꾸기로 경기자간에 합의가 있었다면 관계경기자 전원을 경기실격 처리한다. 위의 상황과 같이 정정할 필요가 없음에도 다시 티샷을 하는 순간 1번째 볼은 분실구 처리되고, 2번째 볼이 〈스트로크와 거리의 벌〉에 의거하여 인플레이의 볼이 된다. 2번째 볼로 플레이를 계속하지 않으면 안 되고, 다음 샷은 4번째 샷이 된다. 규칙 10-2c, 27-1a 재정 10-2c/1

023 티샷한 볼이 행방불명이다

블라인드 홀에서 티샷이 페어웨이 방향으로 날아갔는데 아무리 찾아도 보이질 않는다. 화가 나기도 하고 되돌아가는 것도 귀찮아 대강 페어웨이에 드롭하여 샷을 하였다.

✓ 3 페널티 / 마지막 플레이 지점에서 정정하여 계속 플레이

5분 이내에 발견하지 못한 볼은 자동적으로 분실구 처리된다. 위의 상황에서 플레이어가 되돌아가 정정하였다면 분실구의 1페널티만 부과한다. 그러나 정정하지 않고 잘못된 장소에서 샷을 하였음으로 오소에서의 플레이에 대한 2페널티를 추가로 부과한다. 그리고 마지막 플레이 지점(위의 상황에서는 티잉 그라운드, 티업 가능)으로 되돌아가 정정하지 않고, 다음 홀에서 스트로크를 하거나, 라운드 마지막 홀에서는 정정할 의사표시 없이 퍼팅 그린을 벗어나면 경기실격 처리된다. 다음 샷은 5번째 샷이 된다.

규칙 27-1c, 20-7c

024 아무런 말없이 잠정구를 쳤다

티샷이 OB 근처의 러프로 날아가 OB, 또는
분실의 염려가 있다고 판단하고 아무런 말없이
서둘러 잠정구를 쳤다.

✓ 1 페널티/2번째 볼로 계속 플레이

잠정구란 워터 해저드가 아닌 곳에서의 분실, 또는 OB의 염려가 있을 때 시간절약을 위하여 마련된 조치로, 횟수에 상관없이 가능하나 마커나 동반경기자에게 "잠정구를 치겠다"는 의사 표시를 하지 않으면 안 된다. 위의 상황에서는 아무런 의사 표시를 하지 않았으므로 2번째 볼을 친 순간 처음의 볼은 분실구가 되고, 2번째 볼이 〈스트로크와 거리의 벌〉에 의한 인 플레이의 볼이 된다. 다음 샷은 4번째 샷이 된다. "볼 하나 더 치겠습니다" "다시 치겠습니다" 등은 잠정구를 치겠다는 의사 표시를 한 것으로 인정하지 않는다.
(276p 참조) 규칙 27-2a 재정 27-2a/1

025 티샷 후 곧바로 언플레이어블 선언하였다

티샷한 볼이 숲 속으로 날아갔다. 애써 볼을 찾는다 하여도
그곳에서 플레이하는 것은 도저히 무리라고 판단하여
언플레이어블을 선언하고 다시 티업하여
3번째 샷을 하였다.

✓ 1 페널티/그대로 계속 플레이

플레이어는 볼이 워터 해저드 안에 있는 경우를 제외하고 코스 어디에서든지 자신의 판단에 따라 언플레이어블로 간주할 수 있으며, 마지막 스트로크를 한 위치에서 다음의 샷을 할 경우에는 볼의 소재를 분명히 하지 않고서도 언플레이어블 선언이 가능하다.

규칙 20-5, 28a 재정 28/1

026 코스 가이드북을 보면서 플레이하였다

코스 가이드북(야디지북)을 보면서 쓰여 있는
공략법대로 플레이하였다.

✓ 0 페널티/그대로 계속 플레이

코스 가이드북은 인공의 기기이지만 그 사용은 전통적으로 받아들여져 왔으므로 코스 가이드북에서 코스의 정보를 얻어 플레이하여도 된다. 또 골프 기술 레슨서나 메모를 보면서 플레이하여도 된다. 단, 부당하게 플레이를 지연하는 경우에는 2페널티를 부과한다. 규칙 14-3 예외2 재정 14-3/5

Through the Green

027 15개의 클럽을 가지고 있었다

9번 홀을 마치고 10번 홀로 이동하던 도중에서야
자신의 가방 안에 클럽이 15개나 들어 있음을 알아차렸다.

✓ 4 페널티/불사용 선언 후 계속 플레이

플레이어는 14개 이상의 클럽을 가지고 정규 라운드를 시작해서는 안 된다. 위반한 경우에는 위반한 각 홀에 2페널티를 부과하고 1라운드 최대 4페널티까지 부과한다. 초과한 사실을 알았을 때는 즉시 사용하지 않을 클럽을 정하여 이후로는 사용하지 않을 것을 선언(불사용 선언)하지 않으면 경기실격 처리된다. 위의 상황에서는 1, 2번 홀의 스코어에 2페널티씩 부과한다.

규칙 4-4a,4c 재정 4-4a/10,11

028 스타트 전에 불사용 선언을 한 클럽을 휴대하였다

라운드 스타트 전 자신의 가방 안에 클럽이 15개 들어 있음을 알았다. 그래서 클럽 1개를 선택하여 불사용 선언을 하고 자신의 가방이 아닌 카트에 실어두고 티샷을 하였다.

✓ 2 페널티/불사용 선언 후 계속 플레이

14개의 클럽을 초과하여 휴대하고 라운드를 시작한 것이 되어 2페널티를 부과한다. 규칙에서는 라운드를 시작한 이후에 규칙위반이 발견된 때 즉각 클럽의 불사용 선언을 하여야 한다고 규정해 놓은 것으로 라운드 시작 전에 불사용 선언을 한 클럽을 라운드 중에 휴대하는 것을 인정하는 것이 아니다. 규칙 4-4a,4c 재정 4-4c/1

029 동반경기자가 일방적으로 어드바이스를 하였다

물어보지도 않았는데 동반 경기자가 일방적으로
어드바이스를 해주었다.

✓ 2 페널티(동반경기자) / 그대로 계속 플레이

자신의 캐디, 파트너, 파트너의 캐디만이 서로 어드바이스가 가능하다. 동반경기자와 동반경기자의 캐디와는 어드바이스를 주고받을 수 없다. 위반한 경우에는 2페널티를 부과한다. 위의 상황에서는 동반경기자에게 2페널티를 부과한다. 규칙 8-1

030 미스샷의 원인을 동반경기자에게 물었다

미스샷이 발생하여 가까이에서 보고 있던 동반경기자에게
그 이유를 물었더니, 자세하게 설명해 주었다.

✓ 2 페널티(두 사람 모두)/그대로 계속 플레이

자신의 캐디, 파트너, 파트너의 캐디만이 서로 어드바이스가 가능하다. 동반경기자와 동반경기자의 캐디와는 어드바이스를 주고받을 수 없다. 위반한 경우에는 2페널티를 부과한다.

규칙 8-1 재정 8-1/25

031 동반경기자가 큰소리로 중얼거렸다.

아너인 동반경기자의 티샷이 그린에 조금 미치지 못하였다.
동반경기자가 밖으로 걸어 나오며 "역시 5번 클럽으로
쳤어야 했어"하며 큰소리로 중얼거렸다.

✓ 2 페널티(동반경기자) / 그대로 계속 플레이

플레이어가 아쉬움에 우연히 그런 말을 조용히 중얼거린 경우에는 위반이 아니지만, 위의 상황과 같이 같은 위치에서 플레이하여야 할 경기자들이 모두 듣도록 한 것은 클럽의 선택에 영향을 미치는 어드바이스의 규칙위반에 해당한다. 따라서 동반경기자에게 2페널티를 부과한다. 정의3 규칙8-1 재정8-1/8, 9

032 "나라면 언플레이어블 처리하겠다"고 말한다

어려운 라이에 볼이 놓여있어 어떻게 할 것인가를
고민하고 있는데, 지켜보고 있던 동반경기자가
"나라면 언플레이어블 처리하겠다"고 말하였다.

✓ 2 페널티(동반경기자) / 그대로 계속 플레이

플레이의 결단에 영향을 미치는 어드바이스를 한 것으로 간주하여
동반경기자에게 2페널티를 부과한다. 정의3 규칙 규칙8-1 재정8-1/16

033 옆 홀에서 날아온 볼을 돌려주었다

어디선가 볼이 날아와 고개를 돌려보니 옆 홀에서
미안하다며 던져 달라고 한다. 던지기엔 거리가 있어 들고 있던
클럽으로 쳐서 돌려주었다.

✓ 0 페널티/그대로 계속 플레이

플레이 중에 코스 안에 있는 볼을 플레이와 관계없이 치는 것은 연습 스트로크로 간주한다. 하지만 위의 상황과 같이 호의로 행한 행위가 분명한 경우에는 페널티를 부과하지 않는다.

규칙 7-2 재정 7-2/5.5

034 후속 팀에서 날아온 볼을 되돌려 보냈다

후속 팀에서 날아온 볼에 자칫하면 맞을 뻔하였다.
순간 화가 나 클럽으로 쳐서 볼을 되돌려 보내버렸다.

✓ 2 페널티/그대로 계속 플레이

자신의 볼이 도달할 수 있는 범위 안의 안전을 확인하고 스트로크를 하여야 하는 것은 골퍼의 기본중의 기본이다. 볼에 맞을 뻔한 플레이어가 화를 내는 것도 당연하다. 그렇지만 볼을 다시 쳐서 되돌려 보내는 것은 위험성이 있는 위협행위로서 형평이념에 따라 2 페널티를 부과한다. 규칙 1-4 재정 1-4/4

035 진흙투성이의 볼을 닦아 확인하였다

페어웨이에 떨어진 볼에 진흙이 잔뜩 묻어 자신의 볼인지
알 수가 없다. 그래서 마커에게 이야기한 뒤 마크하고 집어 올려
확인이 가능한 정도로만 닦아 확인하였다.

✓ 0 페널티 / 리플레이스하여 계속 플레이

확인을 위하여 집어 올릴 수도, 확인이 가능한 범위 안에서 닦을
수도 있다. 하지만 마커나 동반경기자에게 미리 그런 의사를 전달
하지 않거나, 입회의 기회를 부여하지 않거나, 마크를 하지 않거나,
필요 이상으로 볼을 닦으면 1페널티를 부과한다. 규칙 12-2, 21

036 볼 뒤의 잔디를 밟아 눌렀다

페어웨이에서 볼 뒤의 길게 자란 잔디를
무심결에 밟아 누르고서 샷을 하였다.

✓ 2 페널티/그대로 계속 플레이

볼이 놓여있는 상태 그대로 플레이 하는 것은 골프의 대원칙의 하나이다. 자신의 볼의 라이, 위치 등을 개선하는 경우에는 2페널티를 부과한다. 규칙 13-2

037 볼 옆의 디봇을 원위치 시켰다

볼 옆에 있는 완전히 잘리지 않은 디봇을
원위치 시킨 후에 샷을 하였다.

✓ 2 페널티/그대로 계속 플레이

완전히 잘리지 않은 디봇은 루스 임페디먼트가 아니다. 따라서 그것을 원위치 시키거나, 제거하는 것은 라이 혹은 의도하는 스윙 구역의 개선이 되어 2페널티를 부과한다. 규칙13-2 재정13-2/5

038 클럽으로 나뭇가지를 부러뜨렸다

백스윙 도중 클럽에 부딪힌
나뭇가지가 부러져 스윙을 멈추었다.

✓ 2 페널티/그대로 계속 플레이

나뭇가지가 부러졌어도 스윙을 멈추지 않고 그대로 스트로크를 하였다면 페널티를 부과하지 않는다. 하지만 스윙을 도중에 멈추었기 때문에 결과적으로 의도하는 스윙 구역의 개선이 되어 2페널티를 부과한다. 스윙에 방해가 되는 나뭇가지를 미리 꺾어버리고 스트로크를 하는 경우도 마찬가지로 명백한 스윙 구역의 개선에 해당하므로 2페널티를 부과한다. 규칙 13-2 재정 13-2/14.5

039 디봇을 원위치 한 후에 OB임을 알았다

샷을 하고서 디봇을 원위치 한 뒤 발로 밟아 다졌다.
그때 동반경기자가 자신의 볼이 OB로 굴러 들어갔다고
알려주었다.

✓ 1 페널티/마지막 플레이 지점에 드롭하여 계속 플레이

드롭(리플레이스, 플레이스의 경우도)할 장소를 개선하는 것은 금지되어 있지만, 그곳에 드롭하게 될 것을 모르고 행한 행위이므로 형평이념에 따라 페널티는 없다. OB에 대한 1페널티를 부과하고, 마지막 플레이 지점에 드롭하여 플레이를 계속하지 않으면 안 된다. 규칙 13-2, 1-4 재정 13-2/4,5

040 드롭할 장소를 먼저 고르고 드롭하였다

드롭할 장소가 울퉁불퉁하여 발로 평평하게
고른 뒤에 드롭하고 샷을 하였다.

✓ 2 페널티/그대로 계속 플레이

드롭하기 전에 드롭할 장소를 밟아 고르거나, 모래(퍼팅 그린에서만 루스 임페디먼트로 취급)를 치우는 등의 행위는 2페널티를 부과한다. 그러나 루스 임페디먼트는 드롭하기 전에 미리 치워도 상관없다. 규칙 13-2 재정 13-2/10,11

041 발판을 만들어 샷을 하였다

경사가 심한 곳에서 안정된 스윙을 위하여 지면을 허물어
발판을 만들어놓고 샷을 하였다.

✓ 2 페널티/그대로 계속 플레이

지면을 파거나, 흙을 모으거나, 돌이나 벽돌을 쌓거나, 수건을 깔거나, 카트를 밟고 올라서는 등의 행위는 스탠스의 장소를 만든 것으로 간주하여 2페널티를 부과한다. 스트로크 전에 원래의 상태로 복원하는 경우(카트, 돌, 벽돌, 수건 등)에는 페널티를 부과하지 않지만, 지면의 상태를 바꾼 경우에는 원상태로 복원하는 것이 불가능하므로, 스트로크 전에 원상태로 복원하려는 시도의 유무와 상관없이 2페널티를 부과한다. 규칙 13-3

042 OB말뚝을 제거하였다

OB말뚝에 볼이 닿아있어 스윙에 방해가 된다.
그래서 말뚝을 제거하고서 샷을 한 다음
다시 원위치에 꽂아두었다.

✓ 2 페널티/그대로 계속 플레이

OB의 경계를 표시하는 것은 전부 장해물이 아닌 고정물이다. 따라서 위와 같은 상황에서는 있는 그대로 플레이하거나, 1페널티를 부과하고 언플레이어블의 구제 조치를 하여야 한다. OB말뚝을 제거하는 순간 2페널티를 부과하고, 샷을 하기 전에 다시 원위치에 꽂아둔다 하여도 페널티는 사라지지 않는다. 단, 있어야 할 자리에 있지 않고 뽑아져 있는 OB말뚝은 움직일 수 있는 장해물로 취급한다. (282p 참조) 정의39 규칙13-2 재정13-2/25

043 거리 표시 말뚝을 제거하였다

거리를 표시하는 말뚝이 스윙의 방해가 되어 제거하고서
샷을 한 다음 다시 꽂아두었다.

✓ 0 페널티/그대로 계속 플레이

쉽게 움직일 수 있는 거리 표시 말뚝은 움직일 수 있는 장해물이므로 방해가 되는 경우에는 제거하고 샷을 한 다음 원위치 하도록 하고, 쉽게 움직일 수 없는 경우에는 움직일 수 없는 장해물이므로 니어리스트 포인트를 정하여 그곳에서 홀에 더 가깝지 않게 1클럽 길이 이내에 드롭하여 플레이를 계속하도록 한다. (277p 참조)

정의 38, 규칙 24-1,2

044 동반경기자의 볼을 쳤다

페어웨이에 나란히 멈추어 있는 볼을 자세히 확인하지도 않고 샷을 하였는데 동반경기자의 볼이었다.

✓ 2 페널티 / 정정하여 계속 플레이

오구의 플레이를 한 것에 대한 2페널티를 부과하고, 자신의 볼로 정정하지 않으면 안 된다. 만약 정정하지 않고 다음 홀에서 스트로크를 하거나, 라운드 마지막 홀에서는 정정할 의사표시 없이 퍼팅 그린을 벗어나면 경기실격 처리된다. 동반경기자는 페널티 없이 플레이스하지 않으면 안 된다. 규칙 15-3b

045 OB라인에 걸쳐 있는 볼을 쳤다

OB방향으로 날아간 볼이 다행히 OB라인에 걸쳐
멈추어 있어 그대로 샷을 하였다.

✓ 0 페널티/그대로 계속 플레이

볼 전체가 아웃 오브 바운드(OB) 안에 있는 경우에만 아웃 오브 바운드(OB)의 볼이 된다. (273p 참조) 정의 39

046 5분이 지난 후 찾은 볼로 샷을 하였다

2번째 샷을 한 볼을 러프 안에서 찾아내 샷을 하였는데 5분이 지난 상태였다.

✓ 3 페널티/마지막 플레이 지점에 드롭하여 계속 플레이

볼을 찾기 위하여 허락된 시간은 5분이다. 그 시간을 초과하는 순간 그 볼은 자동적으로 분실구(1페널티)가 되고, 그 볼로 샷을 하였으므로 오구의 플레이에 대한 2페널티를 추가로 부과한다. 마지막 플레이 지점(2번째 샷을 한 지점)으로 되돌아가 정정하지 않고 다음 홀에서 스트로크를 하거나, 라운드 마지막 홀에서는 정정할 의사표시 없이 퍼팅 그린을 벗어나면 경기실격 처리된다.

정의 33, 61 규칙 15-3b, 27-1c 재정 27/8

047 스윙 도중 볼이 움직여 스윙을 멈추었다

어드레스를 취하고 스윙을 시작하였는데 볼이 움직였다.
그래서 스윙을 멈추었다.

✓ 1 페널티/리플레이스하여 계속 플레이

아무런 접촉이 없었는데도 볼이 움직인 경우에는 먼저 고려하여야 할 사항이 어드레스(볼을 치기 위해 스탠스를 취하고 클럽을 지면에 댔을 때, 해저드에서는 스탠스를 취했을 때) 전, 후의 사실이다. 어드레스 이전이라면 페널티 없이 볼이 멈춘 곳에서 그대로 계속 플레이, 어드레스 이후라면 1페널티를 부과하고 리플레이스하지 않으면 안 된다. 볼을 리플레이스하지 않고 플레이 하는 경우에는 2페널티를 부과한다. 볼이 잔디 위에 떠 있거나, 경사가 있는 곳이나, 디봇 자국의 바로 옆에 놓여있는 등의 경우에는 주의가 필요하고, 어드레스를 생략하고 샷을 하는 것도 페널티를 피할 수 있는 하나의 방법이다. 규칙 18-2b

048 스윙 도중 볼이 움직였으나 샷을 하였다

어드레스를 하고 스윙을 시작하였는데 볼이 움직이기 시작하였다. 스윙을 멈추기는 무리라고 판단 그대로 샷을 하였다.

✓ 1 페널티/그대로 계속 플레이

어드레스 이후에 볼이 움직인 것에 대한 1페널티를 부과한다. 스윙을 시작한 이후에 움직이는 볼을 스트로크 한 경우에는, 움직이고 있는 볼을 스트로크한 것에 대한 페널티는 부과하지 않는다.

규칙 18-2b, 14-5 재정 14-5/1

049 볼이 클럽에 두 번 맞았다

벙커에서의 3번째 샷이 한번 더 클럽에 맞았다.

✓ 1 페널티/그대로 계속 플레이

1번의 스트로크로 볼이 2회 이상 클럽(어느 부분이든)에 맞은 경우에는 맞은 횟수에 상관없이 1페널티를 부과하고, 볼이 멈춘 곳에서 플레이를 계속하지 않으면 안 된다. 보통 러프, 벙커, 그린에서 발생 위험이 높다. 규칙 14-4

050 OB라는 사실을 모르고 샷을 하였다

2번째 샷을 한 볼을 숲속에서 발견하여 안전하게
페어웨이로 레이 업 했는데 OB의 볼이었다.

✓ 3 페널티/마지막 플레이 지점에 드롭하여 계속 플레이

OB의 볼은 인 플레이의 볼이 아니므로 그 볼로 샷을 한 경우에는 오구의 플레이가 되어 2페널티를 부과한다. 거기다 OB의 1페널티를 추가로 부과하여 마지막으로 플레이 한 지점(2번째 샷을 한 지점)에 드롭하여 플레이를 계속하지 않으면 안 된다. 다음 샷은 6번째 샷이 된다. 정정하지 않으면 경기실격 처리된다.

규칙 15-3b, 27-1b 재정 15/6 註 : 레이 업(Lay up) - 가능성 있는 위험이나 장해를 피하고, 보다 안정적이고 효과적으로 공략하기 위하여 다음샷을 하기 좋은 곳으로 플레이하는 것.

051 원구를 포기하고 잠정구를 쳤다

OB의 염려가 있어 잠정구를 쳐두었다. 다행히 원구를 OB가 아닌
구역에서 발견하였으나 그대로 샷을 하기에는 무리가 있어,
원구를 포기하고 페어웨이에 있는 잠정구로 다음 샷을 하였다.

✓ 2 페널티/정정하여 계속 플레이

잠정구는 원구가 발견되거나, OB가 아닌 경우 포기하지 않으면 안 되고, 원구로 플레이를 계속하지 않으면 안 된다. 위의 상황에서 원구로의 플레이가 무리라면 1페널티를 부과하고 언플레이어블의 조치를 하여야 한다. 그럼에도 불구하고 잠정구로 샷을 하였으므로 오구의 플레이가 되어 2페널티를 부과한다. 원구로 정정하여 플레이하지 않으면 중대한 위반이 인정되어 경기실격 처리된다. (282p 참조) 규칙 15-3b, 27-2c 재정 27-2c/2

052 퍼팅 그린에서 자신의 볼이 아닌 것을 알았다

2번째 샷이 러프 안으로 들어갔지만 3번째 샷으로 온 그린에 성공하였다. 마크를 하고 볼을 집어 올렸더니 자신의 볼이 아니었다.

✓ 2 페널티/오구를 플레이 한 지점에서 정정하여 계속 플레이

오구의 플레이가 있었던 지점을 알고 있는 경우는 2페널티를 부과하고 자신의 볼을 찾아 플레이를 계속하지 않으면 안 된다. 만약 어디에서 오구의 플레이가 있었는지 모르는 경우(5분 수색 후)는 3페널티(오구2+분실구1)를 부과하고 티샷부터 다시 하지 않으면 안 된다. 오구로 플레이한 스트로크는 계산하지 않지만, 정정하지 않고 다음 홀에서 스트로크를 하거나 라운드 마지막 홀에서는 정정할 의사표시 없이 퍼팅 그린을 벗어나면 경기실격 처리된다.

규칙 15-3b

053 바뀐 볼을 오소에 드롭하여 샷을 하였다

공용 캐디에게서 바뀐 볼을 건네받아 실수로
다른 곳에 드롭하여 샷을 하였다.

✓ 2 페널티/그대로 계속 플레이

개정된 규칙에 따라 실수로 교체된 볼을 오소에서 플레이한 경우에는 페널티를 이중부과하지 않고 오소에서의 플레이에 대한 2페널티만 부과한다. (2008년 개정) 규칙 15-2예외, 20-7c註3

054 캐디가 자신의 볼을 집어 올렸다

분실구 처리되기 직전,
캐디가 자신의 볼을 찾아 집어 올렸다.

✓ 1 페널티/리플레이스하여 계속 플레이

플레이어와 그 캐디, 또는 휴대품이 자신의 볼을 움직인 경우 고의 여하를 불문하고 1페널티를 부과한다. 볼을 원래의 위치에 리플레이스하지 않고 플레이하는 경우에는 2페널티를 부과한다.

규칙 18-2a

055 동반경기자의 볼을 실수로 밟았다

실수로 볼을 밟아 볼이 지면에 박히고 말았는데
동반경기자의 볼이었다.

✓ 0 페널티/그대로 계속 플레이

플레이어나 그의 캐디가 동반경기자의 볼을 실수로 차거나 밟거나 집어 올려 움직인 경우에 페널티는 없다. 위의 상황에서 동반경기자는 원래의 라이를 복원하여 리플레이스하지 않으면 안 된다.

규칙 18-4

056 낙엽을 치우다 볼을 움직였다

페어웨이에서 볼 옆의 낙엽을 치우다가
그만 볼을 움직이고 말았다.

✓ 1 페널티/리플레이스하여 계속 플레이

해저드 이외의 장소에서는 생장하고 있지 않고 또 고정되어 있지 않은 돌, 나뭇가지, 동물의 배설물, 나뭇잎 등의 자연물은 루스 임페디먼트로서 치울 수가 있다. 그러나 루스 임페디먼트를 치우는 것이 원인이 되어 볼이 움직인 경우에는 1페널티를 부과하고, 볼은 원위치에 리플레이스하지 않으면 안 된다. 볼을 리플레이스 하지 않고 플레이하는 경우에는 2페널티를 부과한다. 정의 32 규칙 18-2a

057 연습 스윙을 하다 볼을 움직였다

페어웨이에서 다음 샷의 이미지를 그리며
연습 스윙을 하다가 클럽으로 볼을 움직이고 말았다.

✓ 1 페널티/리플레이스하여 계속 플레이

볼을 쳐서 움직이려는 의사가 없는 연습 스윙으로 볼을 움직였을 경우에 스트로크로는 간주하지 않는다. 하지만 인 플레이의 볼을 움직인 것에 대한 1페널티는 부과한다. 또 볼과의 접촉은 없었으나 연습 스윙이 원인이 되어 볼이 움직인 경우에도 1페널티를 부과하고, 볼은 리플레이스하지 않으면 안 된다. 볼을 리플레이스하지 않고 플레이하는 경우에는 2페널티를 부과한다. 규칙 18-2a

058 날려 온 나뭇가지에 맞은 볼이 연못에 빠졌다

경사면에 멈춰있던 볼이 바람에 날려 온
나뭇가지에 맞고 연못 안으로 들어가고 말았다.

✓ 0 페널티/리플레이스하여 계속 플레이

바람에 날려 온 나뭇가지는 국외자에 해당하므로, 페널티 없이 볼을 원래의 위치에 리플레이스하지 않으면 안 된다.

정의 40 규칙 18-1 재정 18-1/6,7

059 어드레스 하려하자 볼이 움직였다

벙커위의 경사면에 있는 볼에 어드레스 하려는데
바람이 불어 볼이 벙커 안으로 굴러 들어갔다.

✓ 0 페널티/그대로 계속 플레이

볼이 플레이어, 캐디, 파트너, 동반경기자, 국외자의 영향 없이 어드레스 전에 움직였을 때에는 볼이 멈춘 곳에서 있는 그대로 플레이하는 것이 원칙이다. 바람과 물은 국외자가 아니므로 볼이 멈춘 곳에서 그대로 플레이를 계속하지 않으면 안 된다. 규칙 18-1

060 어드레스 이후에 볼이 가라앉았다

깊은 러프에서 떠 있는 상태의 볼에
조심히 어드레스를 하였는데 볼이 밑으로 가라앉았다.

✓ 1 페널티/리플레이스하여 계속 플레이

볼이 움직였는가의 판단은 전후좌우뿐 아니라 상하의 움직임도 해당된다. 위의 상황에서 리플레이스를 하려 하여도 계속 볼이 밑으로 가라앉는 경우에는, 홀에 더 가깝지 않고, 가능한 가까운 곳의 볼이 멈추는 곳에 플레이스하지 않으면 안 된다. 플레이스 한 볼이 일단 멈추었다가 다시 움직인 경우에는 있는 그대로 플레이하지 않으면 안 된다. 규칙 18-2b, 20-3d 재정 18/1

061 어드레스 이후에 볼이 굴러 OB로 들어갔다

경사가 심한 곳에서 주의를 기울여 조심히
어드레스 하였으나 볼은 OB로 굴러 들어가고 말았다.

✓ 1 페널티/리플레이스하여 계속 플레이

어드레스 이후에 볼이 OB로 들어가 멈춘 경우에 OB로는 인정하지 않는다. 그러나 어드레스 이후에 볼이 움직인 것에 대한 1페널티는 부과하고, 볼을 리플레이스하여 플레이를 계속하지 않으면 안 된다. 규칙 18-2b

062 구제받기를 포기하고 볼을 원위치 하였다

수리지 안에서 구제를 받기 위하여 볼을 집어 들었다.
그런데 구제조치로 드롭을 한다면 언플레이어블 선언을
하지 않으면 안 될 상황이다. 그래서 구제조치를 포기하고 볼을
원래의 위치에 리플레이스하여 샷을 하였다.

✓ 1 페널티/그대로 계속 플레이

수리지에서 구제를 받기 위하여 볼을 집어들 수가 있고 아직 드롭을 하지 않았기 때문에 마음을 바꾸어 구제받는 것을 포기하고 원래의 위치에 볼을 리플레이스할 수도 있다. 하지만 구제조치를 포기함으로써 결과적으로 정당한 이유없이 인 플레이의 볼을 움직인 것에 대한 1페널티는 피할 수 없다. 규칙 18-2a 재정 18-2a/12

063 볼이 공용 카트에 맞았다

볼이 카트 도로를 따라 구르다가 공용 카트에
맞고서 멈추었다.

✓ 1 페널티/그대로 계속 플레이

움직이고 있는 볼이 플레이어, 캐디, 파트너, 파트너의 캐디 또는 휴대품에 의하여 방향이 바뀌거나 멈춰진 경우 1페널티를 부과한다. 공용 카트도 자신의 볼이 관련되어 있는 경우에는 자신의 휴대품으로 간주한다. 그러나 동반경기자가 운전중이라면 자신의 가방이 실려있다 해도 동반경기자의 휴대품으로 간주하여 페널티는 없다.

(2008년 개정) 정의 16 규칙 19-2

064 새가 볼을 물고 가버렸다

샷을 하고 볼이 있는 곳을 향해 걸어가다 어디선가 나타난
새가 자신의 볼을 물고 달아나는 것을 목격하였다.

✓ 0 페널티/볼이 있었다고 생각되는 지점에 드롭하여 계속 플레이

국외자에 의해 멈추어 있던 볼이 움직여진 경우에는 페널티 없이 리플레이스하지 않으면 안 된다. 위의 상황에서 볼이 있던 위치를 알고 있는 경우에는 플레이스, 모르는 경우에는 볼이 있었다고 생각되는 지점에 드롭하여 플레이를 계속하지 않으면 안 된다. 단, 앞서 열거한 구제 조치를 적용하기 위해서는 국외자에 의해 볼이 움직인 사실을 알고 있거나, 거의 확실하지 않으면 안 된다. 그렇지 않은 경우에는 볼이 있는 그대로 플레이하거나, 볼이 발견되지 않는 경우에는 분실구로 처리하지 않으면 안 된다. 규칙 18-1,1註

065 머리 위 높이에서 드롭하였다

볼을 머리 위 높이까지 들어 올려 드롭하였다.

✓ 0 페널티/재드롭하여 계속 플레이

규칙에서 드롭은 반드시 플레이어 자신이 하여야 하고, 똑바로 서서 볼을 어깨 높이로 들어 올려 팔을 편 상태에서 떨어뜨리지 않으면 안 된다고 규정하고 있다. 다른 사람이 드롭하거나 올바르지 않은 다른 방법으로 드롭한 경우, 스트로크 이전이라면 페널티 없이 정정할 수가 있다. 위반한 경우에는 1페널티를 부과한다. (278p 참조) 규칙 20-2a

066 드롭한 볼이 발에 맞았다

드롭을 한 볼이 굴러 자신의 발에 맞았다.

✓ 0 페널티/재드롭하여 계속 플레이

드롭한 볼이 코스 위에 떨어지기 전이나 후, 볼이 정지하기 전까지 어느 사람이나 어느 플레이어의 휴대품에 접촉한 경우에는 페널티 없이 재드롭하지 않으면 안 되며, 드롭 횟수의 제한은 없다. (278p 참조) 규칙 20-2a

067 드롭한 볼이 5미터 정도 굴렀다

경사가 심한 곳에서 드롭을 하였는데
5미터 정도 구른 뒤에 멈추었다.

✓ 0 페널티/재드롭하여 계속 플레이

드롭한 볼이 코스 위에 최초로 떨어진 지점에서 2클럽 길이 이상 굴러가 정지한 경우에는 페널티 없이 재드롭하지 않으면 안 되고, 재드롭하여도 2클럽 길이 이상 굴러가는 경우에는 재드롭한 때 볼이 최초로 지면에 떨어진 지점에 가능한 가깝게 플레이스하지 않으면 안 된다. 플레이스한 볼이 일단 멈추었다가 움직인 경우에는 볼이 멈춘 곳에서 있는 그대로 플레이하지 않으면 안 된다. (281p 참조) 규칙 20-2c, 2c註1

068 3번 드롭하였다

규칙에 따라 재드롭을 하였는데도 볼이 홀에 더 가까운 곳에
멈추어 한번 더 드롭하여 샷을 하였다.

✓ 2 페널티/그대로 계속 플레이

3번 드롭하였다 하더라도 정정하면, 즉 재드롭 한 때 볼이 지면에
최초로 떨어진 지점의 가능한 가까운 위치에 볼을 플레이스하면
페널티를 부과하지 않는다. 그러나 플레이스하지 않고 그대로 샷
을 하였으므로 2페널티를 부과한다. 규칙 20-2c,6 재정 20-2c/2

069 러프에서 드롭한 볼이 페어웨이에서 멈추었다

러프 안에 있는 살수 장치 위에 볼이 멈추었다.
구제조치로 니어리스트 포인트를 정하여 드롭하였더니
2미터 정도 굴러 페어웨이에서 멈추었다.

✓ 0 페널티/그대로 계속 플레이

규칙에 따라 정확한 니어리스트 포인트에서 1클럽 길이 이내에 드롭한 볼이 재드롭을 필요로 하는 장소 이외의 장소에 멈추었다면 그 장소가 페어웨이라 하더라도 그대로 플레이를 계속하지 않으면 안 된다. 규칙 20-2c

070 드롭하여 일단 멈추었던 볼이 OB로 들어갔다

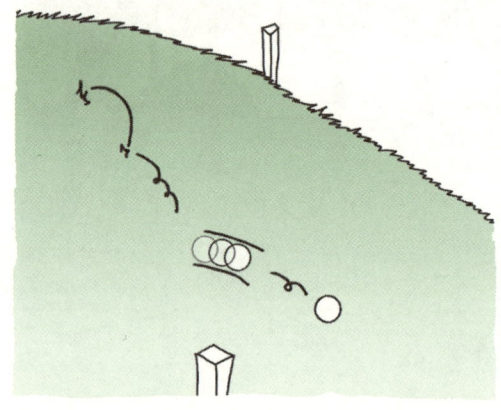

언플레이어블 선언을 하고 구제 조치로 드롭한 볼이
일단 멈추었다가 다시 굴러 OB로 들어갔다.

✓ 2 페널티/마지막 플레이 지점에 드롭하여 계속 플레이

드롭한 볼이 곧바로 OB로 굴러 들어간 경우에는 페널티 없이 재드롭이 가능하지만, 드롭하거나 재드롭한 볼이 일단 멈추었다가 다시 움직인 경우에는 다른 규칙이 적용되지 않는 한 볼이 멈춘 곳에서 있는 그대로 플레이하지 않으면 안 된다. 따라서 언플레이어블의 1페널티와 OB의 1페널티를 부과하고 마지막 플레이 지점(드롭한 볼이 일단 멈추었던 지점)에 드롭하여 플레이를 계속하지 않으면 안 된다. 규칙 20-2c註1 재정 20-2c/3.5

071 플레이스한 볼이 멈추지 않는다

구제조치로 재드롭하여 최초로 지면에 떨어진 지점에
플레이스 하려는데 볼은 멈추지를 않는다.

✓ 0 페널티/볼이 정지하는 가능한 가까운 지점에 플레이스하여 계속 플레이

재드롭 이후에 플레이스 하려 하여도 볼이 멈추지 않는 경우에는 홀에 더 가깝지 않고, 해저드 이외의 지역에서는 해저드 이외의 지역에, 해저드 안에서는 해저드 안에 볼이 정지하는 가능한 가까운 지점을 찾아 플레이스하지 않으면 안 된다. 플레이스한 볼이 일단 정지하였다가 다시 움직인 경우에는 있는 그대로 플레이하지 않으면 안 된다. 규칙 20-3d

072 볼이 자신의 몸에 맞았다

숲 속에서 볼을 찾아 나무 사이로 샷을 시도했는데
볼이 나무에 튕겨 자신의 몸에 맞았다.

✓ 1 페널티/그대로 계속 플레이

스트로크 한 볼이 자신의 신체뿐만 아니라 자신의 캐디, 클럽, 가방 등 휴대품에 맞는 경우에는 1페널티를 부과한다. 볼이 멈춘 곳에 서 있는 그대로 플레이하지 않으면 안 된다. (2008년 개정) 규칙 19-2

073 동반경기자의 볼을 맞힌 볼이 OB로 들어갔다

동반경기자의 볼을 맞힌 자신의 볼이
동반경기자의 볼과 OB로 굴러 들어갔다.

✓ 1 페널티/마지막 플레이 지점에 드롭하여 계속 플레이

맞힌 볼과 맞은 볼에 대한 페널티는 없다. 맞은 볼은 원래의 위치를 알고 있는 경우에는 리플레이스, 원래의 위치를 모르는 경우에는 있었다고 생각되는 지점에 드롭하지 않으면 안 된다. 맞힌 볼은 멈춘 곳에서 있는 그대로 플레이하는 것이 원칙이므로, OB의 1페널티를 부과하고 마지막 플레이 지점에 드롭하여 플레이를 계속하지 않으면 안 된다. 규칙 18-5, 19-5a, 20-3

074 동시에 샷을 한 볼이 부딪쳤다

홀까지 거의 같은 거리를 남겨둔 상황에서
서로 자신의 순서라고 생각하고
샷을 해 두 볼이 부딪치고 말았다.

✓ 0 페널티/그대로 계속 플레이

움직이고 있는 볼끼리 부딪친 경우에는 볼이 멈춘 곳에서 있는 그대로 플레이를 계속하지 않으면 안 된다. 예를 들어, A와 B의 볼이 부딪쳐 A의 볼은 그린 위로, B의 볼은 OB로 굴러 들어간 경우, B는 OB의 구제 조치를 하지 않으면 안 된다. 단, 위와 같은 상황이 퍼팅 그린 위에서 발생한 경우에는 페널티 없이 모두 원래의 위치에 리플레이스하지 않으면 안 된다. 규칙 19-5b

075 플레이 선상의 동반경기자의 볼이 거슬린다

어프로치샷을 하려는데 에이프런에 있는 동반경기자의
볼이 신경 쓰여 마크하고 집어 들도록 요청하였다.

✓ 0 페널티/그대로 계속 플레이

볼이 움직이고 있는 경우를 제외하고, 코스 어디에서든 동반경기자의 볼이 물리적, 정신적으로 방해가 되는 경우에는 마크하고 집어 들도록 요청할 수 있다. 요청을 받은 플레이어는 자신이 먼저 플레이하여도 된다. 반대로 어떤 볼이 다른 플레이어의 플레이에 원조가 된다고 판단한 경우에도 마크하고 집어 들거나 집어들 것을 요구할 수 있다. 어느 경우든 마크하고 집어든 볼을 닦아서는 안 되며, 위반하는 경우에는 1페널티를 부과한다. 규칙 22-1,2 재정 22/1

076 볼에 붙어 있는 잔디를 떼어냈다

볼에 달라붙어 있는 잔디를 떼어내고 샷을 하였다.

✓ 2 페널티/그대로 계속 플레이

볼에 달라붙어 있는 것은 그 어떤 것이든 루스 임페디먼트가 아니다. 따라서 제거하여서는 안 된다. 위반한 경우에는 2페널티를 부과한다. 정의 32 규칙 21,23 재정 21/2

077 나무의 지주가 스윙의 방해가 된다

나무의 지주가 스윙의 방해가 되어
그대로는 샷을 할 수가 없다.

✓ 0 페널티/구제조치 후 계속 플레이

코스 안의 지주는 인공물이며 움직일 수 없는 장해물에 해당하므로 페널티 없이 구제를 받을 수 있다. 니어리스트 포인트를 정하여 그곳에서 홀에 더 가깝지 않게 1클럽 길이 이내에 드롭하지 않으면 안 된다. (277p 참조) 정의 36,38 규칙 24-2

078 나무뿌리 사이에 볼이 있다

볼이 나무뿌리 사이에 끼어있어
도저히 그대로는 플레이가 어렵지만 다행스럽게도
스탠스가 카트 도로에 걸린다.

✓ 1 페널티/구제조치 후 계속 플레이

움직일 수 없는 장해물 이외의 것에 의한 장해 때문에 스트로크가 분명하게 무리인 경우나, 움직일 수 없는 장해물에 의한 장해가 불필요하게 이상한 스탠스, 스윙, 플레이 방향을 취한 때에만 생기는 경우에는 움직일 수 없는 장해물로부터 페널티 없이 구제를 받을 수가 없다. 따라서 있는 그대로의 플레이가 어렵다면, 1페널티를 부과하고 언플레이어블의 구제 조치를 하여야 한다. (282p 참조)

정의 36,38 규칙 24-2b예외, 28 재정 24-2b/16

079 철망에 볼이 걸려 멈추었다

볼이 페어웨이를 벗어나 구르다가 철망에 걸려 멈추었다.
다행히 OB말뚝보다 안쪽(코스 안)에 철망이 위치하고 있어
구제조치로 드롭을 하였다.

✓ 0 페널티/그대로 계속 플레이

볼이 워터 해저드 안에 있는 경우를 제외하고는 움직일 수 없는 장해물로부터 페널티 없이 구제를 받을 수가 있다. 니어리스트 포인트를 정하여 그곳에서 홀에 더 가깝지 않게 1클럽 길이 이내에 드롭하도록 한다. 위의 상황에서 만약 철망이 OB말뚝보다 바깥쪽에 위치하고 있는 경우에는 OB에 있는 인공물은 움직일 수 없는 장해물로 간주하지 않기 때문에 구제를 받을 수가 없다. 따라서 있는 그대로 플레이하거나, 언플레이어블의 구제 조치를 하여야 한다.
(277p 참조) 정의 36,38 규칙 24-2

080 배수구 덮개 위에 볼이 멈춰 있다

볼이 페어웨이 가장자리에 설치되어 있는
철제의 배수구 덮개 위에 멈추어 있다.

✓ 0 페널티/구제조치 후 계속 플레이

배수구는 워터 해저드로 정의되어 있지만 대부분 로컬 룰로서 움직일 수 없는 장해물로 취급하도록 규정하고 있다. 덮개가 없는 배수구 안에, 또는 배수구의 덮개 위에 볼이 멈추어 있거나, 스탠스가 걸리거나 하는 경우에는 페널티 없이 배수구의 장해로부터 벗어나는 가장 가깝고도 홀에 더 가깝지 않은 곳의 니어리스트 포인트를 찾아 그곳에서 홀에 더 가깝지 않게 1클럽 길이 이내에 드롭하지 않으면 안 된다. (277p 참조) 정의 36,38 규칙 24-2

081 수리지 안에서 자신의 볼을 움직였다

다른 곳으로 옮기기 위해 쌓아둔 풀무더기에서
볼을 찾다가 자신의 볼을 움직이고 말았다.

✓ 0 페널티/리플레이스하여
그대로 or 구제조치 후 계속 플레이

수리지 안에서 볼을 찾다가 움직인 경우 페널티는 없고, 볼을 리플레이스하여 그대로 플레이를 계속하거나, 수리지 밖에 니어리스트 포인트를 정하여 그곳에서 홀에 더 가깝지 않게 1클럽 길이 이내에 드롭하여 플레이를 계속하도록 한다. 드롭한 이후에 쌓여 있는 풀무더기가 방해가 되는 경우에는 루스 임페디먼트로 취급하여 치워도 된다. (277p 참조) 정의 24,36 규칙 12-1, 25-1a,1b

082 수리지 표시선 위에서 샷을 하였다

볼이 수리지 표시선 위에 멈춰 있어 구제조치로 드롭을 하였다. 어드레스하자 스탠스가 수리지의 표시선 위에 걸렸지만 그대로 샷을 하였다.

✓ 2 페널티/그대로 계속 플레이

수리지의 경계가 지면의 선으로 정해져 있는 경우 볼의 일부라도 그 선에 접촉하고 있으면 그 볼은 수리지 안의 볼이므로 플레이어의 선택에 따라 있는 그대로 플레이하거나, 구제조치를 선택할 수도 있다. 구제조치를 선택하고 드롭하여 수리지 표시선 위에 스탠스가 걸린다는 것은 아직 수리지의 장해로부터 완전히 벗어난 것이 아니기 때문에 페널티 없이 재드롭하지 않으면 안 된다. 그럼에도 불구하고 그대로 샷을 하였으므로 2페널티를 부과한다. (277p 참조) 정의 24,36 규칙 20-2c 재정 20-2c/0.5

083 수리지의 나뭇가지가 스윙의 방해가 된다

볼은 수리지 밖에 있지만 수리지 안에서 자라고 있는 나무의 가지가 스윙의 방해가 된다.

✓ 0 페널티/구제조치 후 계속 플레이

수리지 안에서 자라고 있는 생장물은 수리지의 일부에 해당하므로 페널티 없이 구제가 가능하다. 니어리스트 포인트를 정하여 그곳에서 홀에 더 가깝지 않게 1클럽 길이 이내에 드롭하지 않으면 안 된다. (277p 참조) 정의 24,36 규칙 25-1a,1b 재정 25-1a/1

084 스탠스를 취하면 물이 스며 나온다

물이 고여 있지는 않지만 스탠스를 취하면
발 주위로 물이 스며 나온다

✓ 0 페널티/구제조치 후 계속 플레이

워터 해저드를 제외한 코스에서 일시적으로 물이 고이는 것을 캐주얼 워터 해저드라고 하고, 볼이 캐주얼 워터 해저드 안에 있거나, 또는 스탠스가 캐주얼 워터 해저드 안에 위치하는 경우에는 페널티 없이 구제를 받을 수가 있다. 니어리스트 포인트를 정하여 그곳에서 홀에 더 가깝지 않게 1클럽 길이 이내에 드롭하지 않으면 안 된다. 스탠스가 아닌 볼의 옆을 밟아 물이 스며 나오는 경우는 캐주얼 워터 해저드에 해당하지 않는다. (277p 참조)

정의 12,36 규칙 25-1a,1b

085 러프에서 볼이 박혀버렸다

러프에 떨어진 볼이 지면에 깊숙이 박혔다.
그래서 언플레이어블의 구제 조치를 하였다.

✓ 1 페널티/그대로 계속 플레이

페어웨이의 잔디의 길이, 또는 그보다 더 짧게 깎여 있는 구역에서 볼이 지면에 박힌 경우에 한하여 페널티 없이 구제가 가능하다. 따라서 러프에서는 페널티 없이 구제를 받을 수가 없고, 있는 그대로 플레이하거나, 1페널티를 부과하고 언플레이어블의 구제조치를 하여야 한다. 단, 위원회는 볼이 지면에 박힌 경우의 구제를 스루 더 그린 전역에 걸쳐 인정하는 로컬 룰을 제정할 수 있다. (282p 참조) 규칙 25-2, 28

086 페어웨이에서 볼이 박혀버렸다

오르막 경사의 페어웨이에서 샷을 하였는데 볼이
곧바로 지면에 박혀 도저히 그대로는 샷을 할 수가 없다.

✓ 1 페널티/구제조치 후 계속 플레이

볼이 비행한 힘에 의하여 페어웨이에 박힌 경우에는 구제가 가능하지만, 클럽을 내리치며 만든 구멍에 볼이 파고들어간 경우에는 페널티 없이 구제를 받을 수가 없다. 따라서 있는 그대로 플레이하거나, 1페널티를 부과하고 언플레이어블의 구제조치를 하여야 한다. (282p 참조) 규칙 25-2, 28 재정 25-2/6

087 볼 마크 안에만 물이 고여 있다

러프에 떨어진 볼이 지면에 박혀 있는데
지면과 다르게 볼 마크(피치 마크) 안에만 물이 고여 있다.

✓ 0 페널티/구제조치 후 계속 플레이

러프에서 볼이 지면에 박혀 있는 경우 페널티 없이 구제를 받을 수 없다. 하지만 위와 같은 상황은 볼이 캐주얼 워터 해저드 안에 있는 것으로 간주하여 페널티 없이 캐주얼 워터 해저드의 구제를 받을 수가 있다. 니어리스트 포인트를 정하여 그곳에서 홀에 더 가깝지 않게 1클럽 길이 이내에 드롭하지 않으면 안 된다. (277p 참조)

정의 12,36 규칙 25-1a,1b 재정 25/3

088 장해물 안에서 볼을 분실하였다

볼이 분명하게 배수구 안으로 들어갔다.
그런데 아무리 찾아도 볼이 보이질 않는다.

✓ 0 페널티/구제조치 후 계속 플레이

발견하지 못한 볼이 장해물 안에 있다는 것을 알고 있거나, 사실상 확실한 경우에 한하여 페널티 없이 구제를 받을 수가 있다. 위와 같은 상황에서는 볼이 그 장해물의 가장 바깥쪽 한계를 마지막으로 넘은 지점에 볼이 있는 것으로 가정하여 니어리스트 포인트를 정하고, 그곳에서 홀에 더 가깝지 않게 1클럽 길이 이내에 다른 볼을 드롭하지 않으면 안 된다. (277p 참조)

규칙 24-3b 재정 24-3b/1

089 변칙 스트로크 자세로 구제를 받았다

홀 방향으로 샷을 하기 위해서는 왼손잡이처럼 스윙을 하지 않을 수가 없어 그렇게 하려는데 스탠스가 카트 도로 위에 위치한다. 그래서 왼손잡이가 된 셈으로 니어리스트 포인트를 정하고 드롭하여 아무런 장해도 없이 정상적으로 샷을 하였다

✓ 0 페널티/그대로 계속 플레이

위의 상황과 같이 변칙 스트로크가 타당하다고 인정되는 경우에는 구제를 받을 수가 있다. 그러나 움직일 수 없는 장해물 이외의 것에 의한 장해 때문에 스트로크가 분명하게 무리인 경우나, 움직일 수 없는 장해물에 의한 장해가 불필요하게 이상한 스탠스, 스윙, 플레이 방향을 취할 때만 발생하는 경우에는 구제를 받을 수 없다. (277p 참조) 규칙 24-2b,2b예외 재정 24-2b/17

090 두더지가 파놓은 구멍 안에 볼이 있다

두더지가 파놓은 구멍 안에서 자신의 볼을 발견하였다.

✓ 0 페널티/구제조치 후 계속 플레이

구멍을 파는 동물(두더지, 땅다람쥐, 토끼 등)이 만든 구멍이나 쌓인 흙이 스윙, 스탠스의 장해가 되는 경우에는 페널티 없이 구제를 받을 수가 있다. 니어리스트 포인트를 정하여 그곳에서 홀에 더 가깝지 않게 1클럽 길이 이내에 드롭하지 않으면 안 된다. (277p 참조)

정의 1,10,36 규칙 25-1a,1b

091 구제조치 후 다른 구제조치가 필요하다

수리지에서의 구제조치로 드롭을 하였는데,
이번에는 물이 고인 곳으로 들어가 버렸다.

✓ 0 페널티/그대로 or 구제조치 후 계속 플레이

구제조치 이후에 별도의 구제조치를 필요로 하는 경우가 발생할 때가 있다. 위의 상황에서 드롭한 볼은 인 플레이의 상태이므로 재 드롭할 필요가 없고, 있는 그대로 플레이하거나, 캐주얼 워터 해저드의 구제조치를 하여야 한다. 구제조치를 선택하여 드롭하였는데 다시 수리지의 장해가 발생하여 있는 그대로 플레이할 수 없는 상황이 발생하면, 비로소 형평이념에 따라 양쪽의 장해를 동시에 피할 수 있는 곳에 구제의 니어리스트 포인트를 정할 수 있다. 처음부터 복수의 장해를 고려하여 1번의 구제로 끝내는 것은 분명하게 필요한 경우에 한하여 인정한다는 것에 주의한다. (277p 참조)

규칙 24-2a,2b, 25-1a,1b,1-4 재정 1-4/8

092 수리지 안의 고인 물속에 볼이 있다

수리지 안의 고인 물속에서 볼을 발견하였다.
먼저 캐주얼 워터 해저드의 구제조치로 수리지 안에 드롭을 한 후,
다시 수리지의 구제조치로 수리지 밖에 드롭을 하였다.

✓ 0 페널티/그대로 계속 플레이

상태가 다른 복수의 장해가 있는 경우에는 각각의 구제를 순서대로 받을 수 있으나, 복수의 장해로부터 동시에 구제를 받을 수 없다. 먼저 캐주얼 워터 해저드의 구제조치로 수리지에 드롭한 후 그대로 플레이 하거나, 다시 수리지의 구제조치로 수리지 밖에 니어리스트 포인트를 정하여 그곳에서 홀에 더 가깝지 않게 1클럽 길이 이내에 드롭하여 플레이를 계속하도록 한다. (277p 참조)

규칙 25-1a,1b 재정 25-1b/11,11.5

093 언플레이어블의 조치를 하려다 다른 조치를 하였다

언플레이어블의 구제조치를 하려고 볼을 집어 올렸는데
주위를 자세히 보니 그 근방 전체가 수리지로 지정되어
있었다. 그래서 수리지의 구제조치를 하였다.

✓ 0 페널티/그대로 계속 플레이

아직 언플레이어블의 구제조치로 볼을 드롭하지 않은 경우에는 인플레이 상태가 아니므로 페널티 없이 수리지의 구제조치를 할 수가 있다. 니어리스트 포인트를 정하여 그곳에서 홀에 더 가깝지 않게 1클럽 길이 이내에 드롭하지 않으면 안 된다. (277p 참조)

규칙 25-1a,1b, 28 재정 28/13

094 플레이 금지 구역에 드롭하였다

언플레이어블의 구제조치로 플레이가 금지되어 있는
수리지에 드롭을 하였다.
그런 후에 수리지의 구제조치를 하였다.

✓ 1 페널티/그대로 계속 플레이

플레이가 금지되어 있는 장소에 드롭하는 것을 금지하는 규칙은 없다. 그러나 드롭한 후에는 해당하는 규칙에 기재되어 있는 구제조치를 하지 않으면 안 되고, 플레이가 금지되어 있는 장소에서 플레이하는 경우에는 페널티를 부과하게 된다. 언플레이어블의 구제조치에 대한 1페널티는 부과한다. (277p 참조)

규칙 25-1a,1b, 28 재정 25-1b/14,5 20-7/3

095 분실구가 홀 안에서 발견되었다

파5홀, 언덕에 가려 퍼팅 그린이 전혀 보이지 않는 위치에서 2번째 샷을 하였다. 그런데 퍼팅 그린 근처에는 있을 것이라고 생각한 볼이 아무리 찾아도 없다. 어쩔 수 없이 2번째 샷을 한 지점에서 4번째 샷을 하였고, 6번째 어프로치샷이 그대로 홀에 들어갔다. 홀에서 볼을 꺼내려니 볼이 두 개, 분실구라 생각한 볼이 홀 안에 있었다.

✓ 0 페널티/홀 아웃 인정(알바트로스)

골프란 '규칙에 따라 1개의 볼을 클럽을 사용하여 티잉 그라운드에서 플레이하여 한번 또는 연속하는 복수의 스트로크로 홀에 넣는 것'으로 이루어진다. 즉 볼이 홀에 들어간 때 그 홀의 플레이는 끝난 것으로 인정한다. 규칙 1-1 재정 1-1/2,3,4

096 다른 볼을 드롭한 후에 볼을 찾았다

러프에서 볼을 찾다가 분실구 선언을 하고 마지막 플레이 지점으로 되돌아가 다른 볼을 드롭하였다. 그때 캐디가 볼을 발견하였고, 시간도 아직 5분을 넘기지 않았기에 드롭한 볼을 집어 올리고 캐디가 발견한 볼로 샷을 하였다.

✓ 4 페널티/드롭한 지점에 리플레이스하여 계속 플레이

5분 이내라도 다른 볼을 드롭하면 곧바로 원구는 분실구(1페널티)가 되고, 〈스트로크와 거리의 벌〉에 의거하여 드롭한 볼이 인 플레이의 볼이 된다. 인 플레이의 볼을 정당한 이유없이 움직였으므로 1페널티를 부과하고, 거기에다 분실구가 되어버린 원구로 샷을 하였기 때문에 오구의 플레이에 대한 2페널티를 부과하여 합계 4페널티를 부과한다. 드롭한 지점으로 되돌아가 드롭한 볼을 리플레이스하여 플레이를 계속하지 않으면 안 된다. 정정하지 않으면 경기실격 처리된다.

정의 7, 33 규칙 15-3b, 18-2a 재정 15/5, 27-1/2,2,3

097 분실구 선언을 한 후에 볼을 찾았다

러프에서 볼을 찾다가 '분실구 처리 하겠습니다' 라고
선언을 한 뒤 마지막 플레이 장소로 되돌아가고 있는데
캐디가 볼을 발견하였다. 시간도 아직 5분을 넘기지도 않아
그 볼로 샷을 하였다.

✓ 0 페널티/그대로 계속 플레이

플레이어는 분실구 선언을 하여 자신의 볼을 분실구로 할 수 없다. 비록 분실구 선언을 하였다고 하더라도 자신의 볼을 5분 이내에 발견한 경우에는 그 볼로 플레이를 계속하지 않으면 안 된다.

정의 7, 33 재정 27/16

098 누구의 볼인지 알 수가 없다

공교롭게도 동반경기자의 볼과 같은 브랜드,
같은 모델, 같은 번호라 어느 볼이 자신의 볼인지
도무지 확인할 수가 없다.

✓ 1 페널티(두 사람 모두)/
마지막 플레이 지점에 드롭하여 계속 플레이

5분 이내에 자신의 볼 여부를 확인하지 못하는 경우에는 분실구 처리된다. 따라서 마지막 플레이 지점으로 되돌아가 드롭하여 플레이를 계속하지 않으면 안 된다(티잉 그라운드에서는 티업 가능). 이런 경우도 미연에 방지하기 위해서는 볼에 자신만의 표시를 해 두도록 한다. 정의 33 규칙 27-1c 재정 27/10

099 홀에 더 가까운 잠정구를 먼저 쳤다

볼이 있을 것이라고 생각한 장소에서 원구를 찾지 못하였다.
그래서 그 장소보다 홀에 더 가깝게 있던 잠정구로 샷을 하였고,
잠시 후에 조금 더 홀에 가까운 곳에서 원구를 발견하였다.

✓ 1 페널티/그대로 계속 플레이

플레이어가 원구가 있을 것이라고 생각한 장소보다 홀에서 더 가까운 위치에 있는 잠정구를 치는 순간 그 볼은 〈스트로크와 거리의 벌〉에 의거하여 인 플레이의 볼이 되고 원구는 분실구(로스트 볼)가 되어 버린다. 규칙 27-2b,1a 재정 27-2b/4

100 나무 위의 볼을 흔들어 떨어뜨렸다

나뭇가지에 볼이 걸려 있는데 자신의 볼인지는 확인할 수 없어 '만약 자신의 볼이면 언플레이어블 처리 하겠습니다'고 마커에게 말한 뒤 볼에서 수직의 바로 아래 지점에 마크를 한 다음 볼을 떨어뜨렸더니 자신의 볼이었다.

✓ 1 페널티/구제조치 후 계속 플레이

위의 상황과 같이 미리 자신의 의사를 알리면 불필요한 페널티를 피할 수가 있지만, 아무런 말없이 무작정 볼부터 먼저 떨어뜨렸다가 자신의 볼인 경우에는 인 플레이의 볼을 움직인 것에 대한 1페널티를 피할 수가 없다. 볼을 떨어뜨리기 전에 마크한 지점을 기준점으로 하여 언플레이어블의 구제조치를 하도록 한다. (282p 참조)

규칙 28 재정 18-2a/27

101 자신의 볼인지 확인할 수가 없다

회수가 어려운 나뭇가지에 볼이 걸려있어 언플레이어블 선언을 하려는데, 동반경기자가 다른 가지 위에 걸려있는 또 다른 볼을 발견하였다. 결국 어느 것이 자신의 볼인지 확인할 수 없었다.

✓ 1 페널티/마지막 플레이 지점에 드롭하여 계속 플레이

5분 이내에 자신의 볼인지 확인할 수 없는 경우에는 분실구로 처리한다. 마지막 플레이 지점으로 되돌아가 볼을 드롭하여(티잉 그라운드에서는 티업 가능)플레이를 계속하지 않으면 안 된다.

정의 33 규칙 27-1c 재정 27/15

102 확인은 하였으나 회수가 불가능하다

나뭇가지에 걸려있는 자신의 볼을 확인하였지만
도저히 회수가 불가능하다.

✓ 1 페널티/구제조치 후 계속 플레이

회수는 불가능하나 자신의 볼인지 확인이 가능한 경우에는 다른 볼로 언플레이어블의 구제조치를 하면 된다. 위와 같은 상황에서는 자신의 볼에서부터 수직의 바로 아래쪽 지면이 구제조치의 기준점이 된다. (282p 참조) 규칙 28 재정 27/14

103 드롭한 볼이 원위치로 굴러갔다

언플레이어블 선언 후 구제조치로 드롭을 하였는데
다시 조금 전 상태로 되돌아갔다.

✓ 1 페널티/그대로 or 구제조치 후 계속 플레이
(1페널티 추가)

규칙에 따라 볼을 드롭한 경우 그 볼은 인 플레이의 볼이므로 볼이 멈춘 곳에서 있는 그대로 플레이하지 않으면 안 된다. 따라서 있는 그대로의 플레이가 어렵다면 다시 1페널티를 부과(합계 2페널티)하고 언플레이어블의 구제조치를 하여야 한다. (282p 참조)

규칙 20-4, 2c, 28 재정 28/3

104 헛스윙 후에 언플레이어블 선언을 하였다

티샷한 볼을 나무뿌리 사이에서 찾아 헛스윙을 한 후
어쩔 수 없이 언플레이어블 선언을 하였다.

✓ 1 페널티/구제조치 후 계속 플레이

언플레이어블의 구제조치 방법 중 a.마지막으로 플레이한 곳의 되도록 가까운 지점에 드롭하여 플레이한다.(티잉 그라운드에서는 티 업도 가능)를 선택한 경우에는 주의가 필요하다. 즉 헛스윙도 분명한 스트로크이므로 그 볼을 마지막으로 플레이한 곳은 티잉 그라운드가 아닌 그곳이라는 사실이다. (282p 참조)

규칙 28 재정 28/7

105 아무런 말없이 깨진 볼을 바꾸었다

볼이 바위에 튕겨 다행히 페어웨이에 떨어졌는데
상당히 찢어져 있었다. 그래서 다른 볼로 교체하였다.

✓ 1 페널티/그대로 계속 플레이

플레이 중에 볼이 찢어지거나, 금이 가거나, 변형이 되어 플레이에 지장이 있는 것이 분명한 경우에는 페널티 없이 다른 볼로 교체할 수가 있다. 반드시 먼저 마커나 동반경기자에게 확인의 의사를 전달하고, 모든 과정의 입회와 검사의 기회를 주어야 한다. 볼에 마크를 하고 집어 들어 확인하고 교체가 필요한 경우(마커나 동반경기자가 인정)에는 다른 볼로 바꾸어 플레이스하여 플레이를 계속한다. 집어 올린 볼은 닦을 수 없고, 이런 절차를 전부 또는 한 가지라도 따르지 않으면 1페널티를 부과한다. (282p 참조)

규칙 5-3

106 OB의 볼을 동반경기자가 집어 올렸다

OB 근처에서 볼을 같이 찾아주고 있던 동반경기자가
"아쉽게도 OB!"라며 그냥 볼을 집어 올렸고,
자신은 '인정할 수 없다'고 주장하였다.

✓ 0 페널티/그 자리에서 위원회의 결정에 따른다
or 제2의 볼을 플레이하여 위원회의 판정을 받는다

스트로크 경기에서 플레이어는 한 홀의 플레이 중에, 자신의 권리나 올바른 조치에 대하여 의문이 있는 경우, 페널티 없이 2개의 볼로 그 홀을 마칠 수가 있다고 규정되어 있다. 근처에 경기위원이 있다면 판정을 요청하고, 그렇지 않은 경우에는 제2의 볼을 플레이할 것과 어떤 볼의 스코어를 채택할 것인가를 마커나 동반경기자에게 미리 알리고 플레이를 계속하여 라운드가 끝나는 즉시 위원회에 보고하여 그 판정에 따른다. 그렇지 않은 경우에는 경기실격 처리되므로 주의가 필요하다. (286p 참조) 규칙 3-3

107 라운드 중에 연습도구를 사용하였다

언플레이어블 선언 후 구제조치로 드롭을 하였는데
다시 조금 전 상태로 되돌아갔다.

✓ 경기실격

연습도구를 휴대하여도 페널티는 없지만 라운드 도중에 사용하면 경기실격 처리된다. 규칙 14-3 재정 14-3/10

108 클럽을 내던졌는데 부러져 버렸다

미스샷을 한 후 홧김에 클럽을 내던졌는데
샤프트가 부러져 버렸다.

✓ 0 페널티/그대로 계속 플레이

화가 나서 클럽을 내던진 행위는 통상적인 플레이로 볼 수 없기 때문에 수리, 교환할 수 없고, 남은 라운드에서도 사용하여서는 안 된다. 위반하는 경우에는 경기실격 처리된다. 클럽을 지팡이 대용으로 사용하거나, 클럽에 몸을 기대고 있다가 클럽이 손상을 입은 경우는 통상적인 플레이로 간주하여 그대로 사용하거나, 지체없이 수리, 교환이 가능하다. 규칙 4-3a,3b 재정 4-3/1

109 번개가 쳐 플레이를 중단하였다

라운드 도중 멀지 않은 곳에서 번개가 쳐 안전에
위험을 느꼈다. 그래서 곧바로 피난처로 피신을 하였고,
잠시 후에 플레이 중단의 사이렌이 울렸다.

✓ 0 페널티 / 위원회의 지시를 기다린다

플레이의 중단이 인정되는 경우는
(i) 위원회가 플레이의 중단을 지시한 경우,
(ii) 플레이어가 낙뢰의 위험을 느낀 경우,
(iii) 플레이어가 의문점이나 논쟁에 대하여 위원회의 재정을 구하고 있는 경우,
(iv) 그 외의 갑작스런 병 등의 정당한 이유가 있는 경우이다.
악천후는 플레이 중단의 이유가 되지 않지만 낙뢰만은 예외로 위원회의 지시가 없어도 플레이어의 판단에 따라 플레이를 중지할 수가 있다. 규칙 6-w8a

110 마커의 말대로 구제 조치를 하였다

구제 조치 방법을 잘 몰라 자신의 마커가 가르쳐 주는 대로 구제 조치를 하였다가 위원회로부터 실격 통보를 받았다.

✓ 경기실격

마커는 사실 문제나 규칙에 관한 재정을 할 권리가 없고, 또 마커가 말한 것은 아무런 효력도 가지지 않는다. 전적으로 규칙을 알아두어야 하는 책임은 플레이어에게 있고, 마커나 다른 경기자에게서 틀린 정보를 얻어 규칙 위반을 한 경우에도 그 모든 책임은 플레이어에게 있다. 단, 마커가 악의를 가지고 틀린 정보를 플레이어에게 제공한 경우에 위원회는 마커를 경기실격 처리할 수 있다.

정의 34 규칙 6-1, 33-7

111 거리 측정기를 사용하였다

라운드 도중 거리 측정기를 사용하여
정확한 거리의 정보를 얻었다.

✓ 경기실격

거리 측정기를 사용하는 것은 규칙 위반이다. 단, 위원회는 사용을 인정하는 로컬 룰을 제정할 수가 있다. 하지만 거리만을 계측할 수 있는 기능의 거리 측정기이지 않으면 안 되고, 고저차나 풍향 등을 계측하는 기능을 가진 것은 인정하지 않는다. (2008년 명확화)

규칙 14-3,3註 재정 14-3/0.5

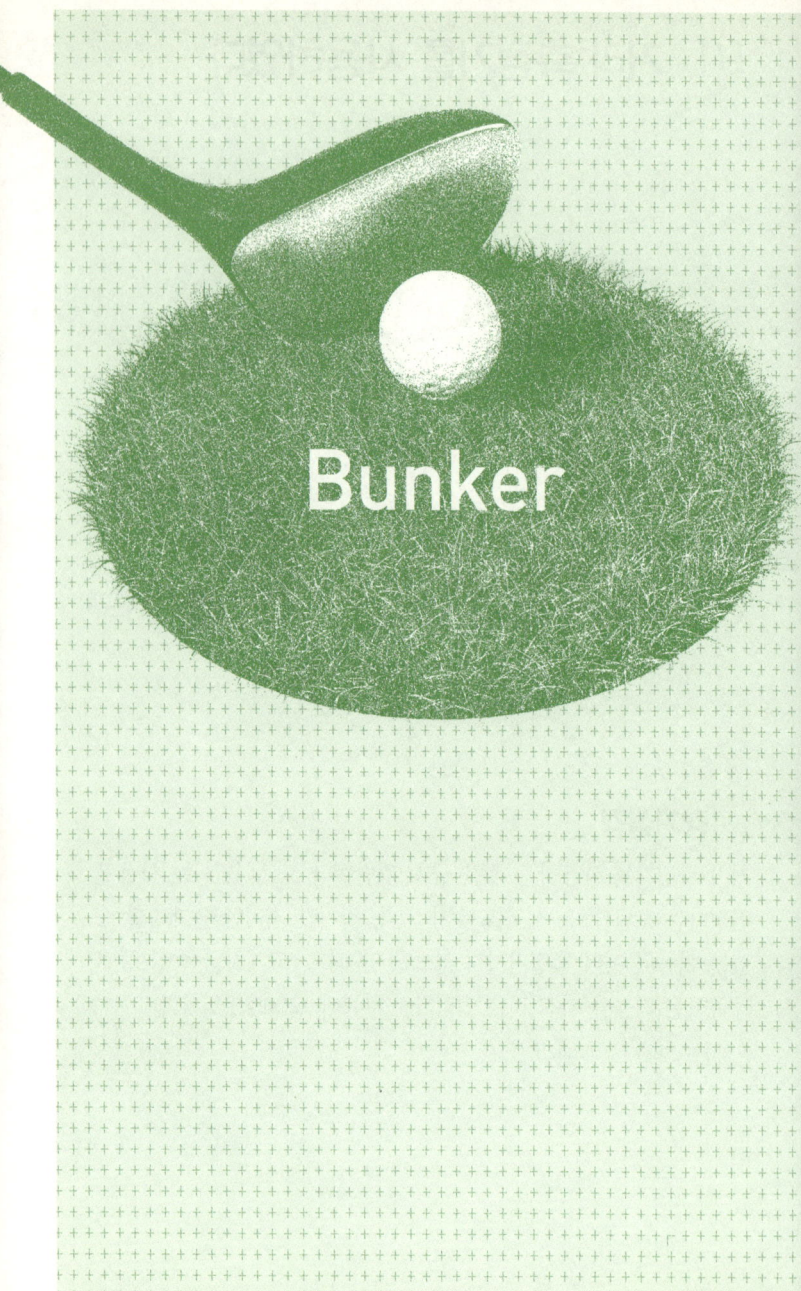

112 클럽이 모래에 닿았다

백스윙을 하면서 클럽의 헤드가
모래에 닿았으나 그대로 샷을 하였다.

✓ 2 페널티/그대로 계속 플레이

해저드 안에서 스트로크 하기 전에 다음의 행위를 하는 경우에는 2 페널티를 부과한다.

a. 그 해저드나 다른 비슷한 해저드의 상태를 테스트 하는 것.
b. 그 해저드 안의 지면이나 그 워터 해저드 안의 물에 자신의 손이나 클럽을 접촉하는 것.
c. 그 해저드 안에 있거나 해저드에 접촉하고 있는 루스 임페디먼트에 접촉하거나 움직이는 것. 규칙 13-4b 재정 13-4/31

113 옆 벙커에서 테스트를 하였다

볼이 들어가 있는 벙커의 옆 벙커에서
모래의 상태가 어떤지 먼저 테스트를 하였다.

✓ 2 페널티/그대로 계속 플레이

해저드 안에서 스트로크 하기 전에 다음의 행위를 하는 경우에는 2 페널티를 부과한다.

a. 그 해저드나 다른 비슷한 해저드의 상태를 테스트 하는 것.
b. 그 해저드 안의 지면이나 그 워터 해저드 안의 물에 자신의 손이나 클럽을 접촉하는 것.
c. 그 해저드 안에 있거나 해저드에 접촉하고 있는 루스 임페디먼트에 접촉하거나 움직이는 것. 규칙 13-4a

114 백스윙을 하다가 나뭇가지를 건드렸다

백스윙을 하다가 볼 뒤쪽에 있는 나뭇가지를
클럽으로 건드렸다.

✓ 2 페널티 / 그대로 계속 플레이

해저드 안에서 스트로크 하기 전에 다음의 행위를 하는 경우에는 2 페널티를 부과한다.

a. 그 해저드나 다른 비슷한 해저드의 상태를 테스트 하는 것.
b. 그 해저드 안의 지면이나 그 워터 해저드 안의 물에 자신의 손이나 클럽을 접촉하는 것.
c. 그 해저드 안에 있거나 해저드에 접촉하고 있는 루스 임페디먼트에 접촉하거나 움직이는 것. 규칙 13-4c

115 볼을 찾기 위하여 낙엽을 움직였다

낙엽 때문에 볼의 소재를 알 수가 없어 클럽으로
조심히 낙엽을 들추어 볼을 찾았다.

✓ 0 페널티/그대로 계속 플레이

해저드 안에서 볼이 루스 임페디먼트나 모래에 뒤덮여 있다고 생각되는 경우, 플레이어는 볼의 소재 확인을 위하여 클럽 등을 이용해 파헤치거나 긁거나 하여 볼의 일부가 보일 정도로 루스 임페디먼트나 모래를 제거할 수가 있다. 이 때 너무 많이 제거하여도, 또 볼을 움직여도 페널티는 없지만 리플레이스하지 않으면 안 되고, 필요한 경우 볼의 일부만 보일 정도로 다시 복원하지 않으면 안 된다. 위반한 경우에는 2페널티를 부과한다. 규칙 12-1

116 종이컵을 치우다가 볼과 낙엽을 움직였다

종이컵을 치우다가 컵에 닿아있는 볼과 컵에
걸쳐있는 낙엽을 움직이고 말았다.

✓ 0 페널티/볼은 리플레이스, 낙엽은 플레이스하여 계속 플레이

해저드 안에서도 인공물(담배꽁초, 캔, 비닐봉지, 종이, 종이컵 등)은 움직일 수 있는 장해물이므로 페널티 없이 치울 수가 있고, 또 치우다가 루스 임페디먼트를 움직여도 형평이념에 의거하여 페널티는 없다. 하지만 움직인 루스 임페디먼트는 원래의 위치에 가능한 가깝게 플레이스하지 않으면 안 되고, 움직인 볼도 원래의 위치에 리플레이스하지 않으면 안 된다. 위반한 경우에는 2페널티를 부과한다. 규칙 1-4, 24-1 재정 1-4/5

117 나뭇가지를 치우다 볼을 움직였다

볼 바로 뒤에 있는 나뭇가지를 치우다
볼을 움직이고 말았다.

✓ 2 페널티/리플레이스하여 계속 플레이

형평이념에 따라 1번의 행동으로 인하여 2개의 규칙위반을 한 경우, 이중부과 하지 않고 무거운 쪽의 페널티만 부과한다. 위의 상황에서 볼이 해저드 안에 있는 경우 접촉하거나 움직일 수 없는 루스 임페디먼트를 치운 것에 대한 2페널티만 부과하고, 인 플레이의 볼을 움직인 것에 대한 1페널티는 부과하지 않으며, 볼은 리플레이스하지 않으면 안 된다. 단, 리플레이스하지 않고 플레이를 계속하는 경우에는 다른 행동으로 간주하여 2페널티를 추가하여 부과한다.

규칙 13-4c, 18-2a 재정 13-4/15

118 볼에 다가가다 낙엽을 건드렸다

낙엽이 많이 떨어져 있는 벙커 안에서
볼에 다가가다 낙엽을 건드려 움직이고 말았다.

✓ 0 페널티/그대로 계속 플레이

부주의로 낙엽을 건드렸으나 볼의 라이, 의도하는 스탠스, 스윙 구역을 개선한 것이 아니라면 페널티는 없다. 위반한 경우에는 2페널티를 부과한다. 규칙 13-4 재정 13-4/13,13.5

119 모래에 손을 짚었다

벙커 안으로 들어가다 발이 걸려 넘어지면서
모래에 손을 짚고 말았다.

✓ 0 페널티/그대로 계속 플레이

해저드 안에 볼이 있을 때 클럽이나 손이 모래에 접촉하는 것은 라이의 개선, 혹은 상태의 테스트로 간주하여 2페널티를 부과한다. 하지만 해저드의 상태를 테스트하거나 볼의 라이를 개선하지 않으면 예외적으로 넘어진 때나 넘어지지 않으려고 한 때, 장해물을 치울 때, 볼에 마크할 때, 볼을 회수하거나 집어 올릴 때, 플레이스나 리플레이스할 때, 거리를 잴 때, 해저드 안에 클럽을 놓을 때는 해저드의 지면, 수면, 루스 임페디먼트에 접촉하는 것을 인정하고 있다.

규칙 13-4예외1

120 모래를 고르고 드롭하였다

벙커샷이 OB로 들어가 버려 드롭할 장소를
먼저 고무래로 고른 후에 드롭하였다.

✓ 1 페널티/그대로 계속 플레이

해저드에서 볼을 탈출시킨 이후에는 그 해저드 안의 지면을 고를 수 있다. 예를 들어, 벙커 안에서 스트로크 한 볼이 OB, 또는 분실의 염려가 있어 잠정구를 쳐야 하는 경우에도 드롭할 지면을 고를 수 있다. OB의 1페널티는 부과한다. 규칙 13-4예외2 재정 13-4/37

121 클럽으로 모래를 내리쳤다

벙커샷의 실패로 탈출에 성공하지 못하였다.
순간 화가 나서 클럽으로 모래를 세 번 내리쳤다.

✓ 2 페널티 / 그대로 계속 플레이

볼이 아직 벙커 안에 있으므로 클럽으로 모래에 접촉하는 것은 허락되지 않는다. 모래를 내리친 횟수에 관계없이 2페널티를 부과한다.

규칙 13-4b 재정 13-4/35

122 스탠스를 취하자 볼이 움직였다

벙커샷을 위하여 스탠스를 지면에
견고하게 취하자 볼이 굴렀다.

✓ 1 페널티 / 리플레이스하여 계속 플레이

해저드 안에서는 스탠스를 취한 때를 어드레스 한 것으로 간주한다. 따라서 어드레스 이후에 볼을 움직인 것에 대한 1페널티를 부과하고, 볼은 리플레이스하지 않으면 안 된다. 또 아직 스탠스를 취하지는 않았지만 볼에 다가선 행위나 스탠스를 취하려 한 행위가 원인이 되어 볼이 움직인 경우에도 1페널티를 부과하고, 볼은 리플레이스하지 않으면 안 된다. 정의 2 규칙 18-2b 재정 18-2b/3

123 벙커 안에 놓아둔 클럽에 볼이 맞았다

사용하지 않는 클럽을 모래 위에 놓아두고,
벙커샷을 하였는데 볼이 다시 굴러 들어와 클럽에 맞았다.

✓ 1 페널티 / 그대로 계속 플레이

움직이고 있는 볼이 자신, 캐디, 파트너, 파트너의 캐디, 클럽 등 휴대품에 의하여 방향이 변경되거나, 멈춰진 경우에는 1페널티를 부과하고, 볼이 멈춘 곳에서 그대로 플레이를 계속하지 않으면 안 된다.
(2008년 개정) 규칙 19-2

124 벙커 밖의 볼을 치려다 클럽이 모래에 닿았다

벙커 안에 서서 벙커 밖의 볼을 치려다
클럽이 모래에 닿았다.

✓ 0 페널티 / 그대로 계속 플레이

벙커 안의 풀로 뒤덮여 있는 곳에 볼이 있는 경우도 마찬가지 볼의 일부라도 벙커에 닿아있지 않으면 그 볼은 벙커 안에 있는 볼이 아니다. 따라서 클럽이 모래나 루스 임페디먼트에 접촉하여도 페널티는 없다. (275p 참조) 정의 9 재정 13-4/1

125 처음의 벙커에서 모래를 테스트 하였다

벙커에서 친 볼이 다른 벙커 안으로 들어가 멈추었다.
그래서 몇 번 모래에 연습(볼 없이)을 하고서
볼이 있는 벙커로 갔다.

✓ 0 페널티 / 그대로 계속 플레이

벙커 안에서 친 볼이 다른 벙커 안으로 들어간 경우, 처음의 벙커에서 모래를 테스트하여도 규칙위반에 해당하지 않는다. (2008년 개정)

규칙 13-4예외3

126 탈출에 실패하고서도 모래를 골랐다

벙커샷을 한 볼이 탈출에는 실패하고 2m 정도 앞에 떨어졌다. 그래서 그곳을 잘 고른 후에 볼이 멈춘 곳으로 가 다시 벙커샷을 하였다. 그런데 벙커의 경사면에 튕긴 볼이 공교롭게도 조금 전 모래를 고른 곳에 가 멈추었다.

✓ 0 페널티 / 그대로 계속 플레이

해저드에서 스트로크 한 볼이 아직 해저드 안에 있을 때, 다음의 스트로크를 위하여 볼의 라이, 스탠스, 스윙 구역, 플레이 선의 개선에 해당하지 않는 경우에는 모래를 고를 수가 있다. 그리고 볼이 모래를 고른 곳에 가 멈추어도 페널티는 없다. (2008년 개정)

규칙 13-4예외2

127 고무래를 치우다 생긴 발자국을 고르고 샷을 하였다

홀과 자신의 볼 사이에 있는 고무래(벙커레이크)를 치우다
생긴 발자국을 고르고 샷을 하였다.

✓ 2 페널티/그대로 계속 플레이

움직일 수 있는 장해물인 고무래를 치우는 것은 인정이 되나, 치우면서 생긴 발자국을 고르는 것은 플레이 선의 개선에 해당하므로 2페널티를 부과한다. 단 벙커 밖에서 드롭한 볼이 벙커 안으로 굴러들어가 그 볼을 회수하기 위하여 생긴 발자국은 고를 수가 있다.

규칙 13-2 재정 13-2/29,29.3

128 가파른 경사면을 허물어 스탠스를 취하였다

벙커 안의 가파른 경사면을 조금 허물어
스탠스를 취하였다.

✓ 2 페널티/그대로 계속 플레이

양발로 지면에 스탠스를 견고하게 하는 것은 허용되지만, 경사면을 허물어 스탠스를 취하는 것은 스탠스의 장소를 만든 것이 되어 2페널티를 부과한다. 규칙 13-3 재정 13-3/3

129 스탠스를 취한 후 클럽을 바꾸었다

견고하게 스탠스를 취한 뒤 마음이 변해
클럽을 바꾸어 다시 스탠스를 취하였다.

✓ 0 페널티/그대로 계속 플레이

견고하게 스탠스를 취한 후 클럽을 바꿔 스탠스를 다시 취한 것은 해저드의 테스트로 간주하지 않는다. 하지만 처음의 스탠스를 일단 고르고 다시 스탠스를 취하는 것은 허락되지 않고, 테스트 한 것으로 간주하여 2페널티를 부과한다. 규칙 13-4a 재정 13-4/26

130 연습 스윙을 할 때마다 클럽이 모래에 닿았다

벙커 안의 가파른 경사면을 조금 허물어
스탠스를 취하였다.

✓ 2 페널티 / 그대로 계속 플레이

같거나 비슷한 복수의 행위로 같은 규칙위반을 2회 이상 하는 경우에는 페널티를 이중부과하지 않는다. 클럽이 모래에 닿은 횟수에 상관없이 2페널티만 부과한다. 단, 최초의 규칙위반이 발생한 때 규칙위반임을 지적했음에도 불구하고, 같은 규칙위반을 계속하는 경우에는 4페널티(최초의 위반2+나머지 위반2)를 부과한다.

규칙 13-4b 재정 1-4/13

131 고무래를 사용하여 볼을 찾았다

모래에 완전히 파묻힌 볼의 소재를 알 수가 없다.
그래서 고무래(벙커레이크)를 사용하여 볼을 찾은 뒤 볼의
일부만 보이도록 리플레이스하여 벙커샷을 하였다.

✓ 0 페널티 / 그대로 계속 플레이

파묻혀 있는 볼을 찾기 위해서 손가락, 고무래(벙커레이크), 클럽을 사용하여도 된다. 볼을 움직여도 페널티는 없지만 리플레이스하지 않으면 안 되고, 경우에 따라서는 볼의 일부만 보이도록 모래나 루스 임페디먼트를 덮어놓지 않으면 안 된다. 위반한 경우에는 2페널티를 부과한다.

규칙 12-1 재정 12-1/1,2

132 확인을 위하여 볼을 집어 올렸다

모래에 박힌 볼을 확인하기 위하여 마커에게 이야기 한 뒤 마크하고 집어 올려 자신의 볼임을 확인하고 리플레이스 하였다.

✓ 0 페널티 / 그대로 계속 플레이

개정된 규칙에 따라 해저드 안에서도 자신의 볼인지 확인하기 위하여 마크하고 집어 올리는 것이 가능하게 되었다. 단, 볼을 확인하기 위해서는 먼저 마커나 동반경기자에게 그 의사를 알리고, 마크를 하고, 볼을 집어올리고, 확인하고, 리플레이스하는 동안 마커나 동반경기자에게 입회할 기회를 주어야 한다. 위반한 경우에는 1페널티를 부과한다. (2008년 개정) 규칙 12-2

133 동반경기자의 볼을 쳤다

절반 정도 모래에 묻혀있는 볼을 확인도 하지 않고
샷을 하였는데 동반경기자의 볼이었다.

✓ 2 페널티 / 정정하여 계속 플레이

개정된 규칙에 따라 해저드 안에서도 볼의 확인이 가능해진 대신에 해저드 안에서 오구를 플레이한 경우에도 2페널티를 부과하게 되었다. 자신의 볼로 정정하여 플레이를 계속하지 않으면 안 되고, 동반경기자는 라이를 가능한 원래의 상태로 복원하여 플레이스하지 않으면 안 된다. (2008년 개정) 규칙 15-3b

134 볼이 모래를 뒤집어썼다

동반경기자의 벙커샷으로 인하여 같은 벙커 안에 있는
자신의 볼이 모래를 뒤집어썼다.

✓ 0 페널티 / 원래의 라이를 복원하여 계속 플레이

동반경기자의 샷으로 인해 라이가 변하였다면 형평이념에 의거하여
페널티 없이 최대한 원래의 라이를 복원할 수 있다. 규칙 1-4

135 탈출시킨 볼이 다시 굴러 들어왔다

일단 탈출에는 성공한 볼이 벙커의 경사진 곳에 멈추어
모래를 고르고 있는데 그곳으로 다시 볼이 굴러 들어왔다.

✓ 0 페널티/그대로 계속 플레이

볼이 해저드 밖에 있으므로 모래를 고르는 것은 물론 연습도 가능하다. 그리고 그곳으로 볼이 다시 굴러 들어와 멈추어도 페널티는 없다. 단, 볼이 다시 벙커 안으로 굴러 들어온 이후에도 모래를 계속 고르거나 연습을 하면 2페널티를 부과한다.

규칙 13-4예외2 재정 13-4/35.5

136 벙커 안의 고인 물에 클럽이 닿았다

벙커 안에 있는 캐주얼 워터 해저드의
수면에 클럽이 닿았다.

✓ 0 페널티/그대로 계속 플레이

스트로크를 하기 전에 벙커의 지면에 접촉한 것이 아니므로 페널티는 없다. 규칙 13-4b 재정 13-4/7

137 벙커 안의 고인 물속에 볼이 있다

벙커 안의 고인 물속에 볼이 있어 니어리스트 포인트를 정하고 드롭하여 벙커샷을 하였다.

✓ 0 페널티/그대로 계속 플레이

벙커 안의 캐주얼 워터 해저드의 구제 조치는 니어리스트 포인트를 정하여 그곳에서 1클럽 길이 이내의 벙커 안에 드롭하지 않으면 안 된다. 만약 완전한 구제가 불가능한 경우에는 최대한의 구제를 받을 수가 있다. 또 벙커 안에 드롭할 장소가 전혀 없다면 1페널티를 부과하고 홀과 볼을 연결한 후방선상에 드롭하여 플레이를 계속할 수가 있다. (277p 참조) 규칙 25-1b 재정 25-1b/5 註 : 최대한의 구제-라이와 스탠스에 적용되는 말로, 벙커 안의 캐주얼 워터 해저드의 장해로부터 완전히 벗어날 수 없는 곳(보통 가장 얕은 곳)에 드롭을 하거나 스탠스를 취하는 것.

138 벙커 안이 빗물로 가득 차 있다

빗물로 가득 차있는 벙커에 볼을 빠뜨렸다.
벙커 안에는 최대한의 구제를 받을 만한 장소도 없다.

✓ 1 페널티 / 후방선상에 드롭하여
or 구제조치 후 계속 플레이

벙커 안에 최대한의 구제를 받을 수 있는 장소도 없으므로 어쩔 수 없이 1페널티를 부과하고 홀과 볼을 연결한 해저드의 후방선상에 드롭하여 플레이를 계속하거나, 언플레이어블의 구제조치로 마지막 플레이 지점으로 되돌아가 플레이하는 방법도 생각해 볼 수 있다.

규칙 25-1b, 28 재정 25-1b/8

139 구제조치로 벙커 안에 드롭하였다

래터럴 워터 해저드의 구제조치로 벙커 안에 드롭을 하였다.

✓ 1 페널티/그대로 계속 플레이

해저드의 구제조치를 하면서 다른 해저드에 드롭을 하는 것은 규칙위반에 해당하지 않는다. 해저드의 구제조치에 대한 1페널티는 부과한다. (285p 참조) 규칙 26-1 재정 26-1/2

140 동반경기자의 볼이 방해가 된다

동반경기자의 볼이 가깝게 놓여 있어 동반경기자에게
마크하고 집어들 것을 요청하였다.

✓ 0 페널티/그대로 계속 플레이

플레이의 방해, 또는 원조가 되는 볼은 벙커 안에서도 집어들도록
요청할 수가 있다. 집어들 때는 마크를 하고 볼을 닦아서는 안 된다.
동반경기자는 원래의 라이를 최대한 복원하여 볼을 리플레이스하지
않으면 안 된다. 규칙 22-1,2 재정 22/1

141 드롭한 볼이 모래에 묻혀 재드롭 하였다

드롭한 볼이 모래에 거의 파묻혀 버려 재드롭을 하였다.

✓ 1 페널티 / 라이를 복원하고 플레이스하여 계속 플레이

벙커에서 드롭하여 볼이 지면에 박혀도 있는 그대로 플레이하지 않으면 안 된다. 그럼에도 불구하고 아무런 이유 없이 인 플레이의 볼을 움직인 것이므로 1페널티를 부과한다. 볼은 처음에 드롭한 라이를 최대한 복원하여 플레이스하지 않으면 안 된다. 플레이스하지 않고 그대로 플레이하는 경우에는 2페널티를 부과한다.

규칙 18-2a, 20-3b

142 연못에 볼이 빠졌다 (황색 말뚝)

볼이 그만 그린 앞의 연못 안으로 들어가 버렸다.

✓ 1 페널티 / 구제조치 후 계속 플레이

워터 해저드 안에서 있는 그대로 플레이를 하는 경우에는 0페널티. 그럴 수가 없는 경우에는 1페널티를 부과하고 다음 중 선택한다.

a. 마지막으로 플레이한 곳의 가능한 가까운 지점에서 드롭(티잉 그라운드에서는 티업도 가능)하여 플레이한다.

b. 볼이 해저드의 경계를 마지막으로 가로지른 지점과 홀을 연결한 해저드의 후방 선상에 거리의 제한 없이 드롭하여 플레이한다.

(284p 참조) 정의 60 규칙 26-1a,1b

143 개천에 볼이 빠졌다(적색 말뚝)

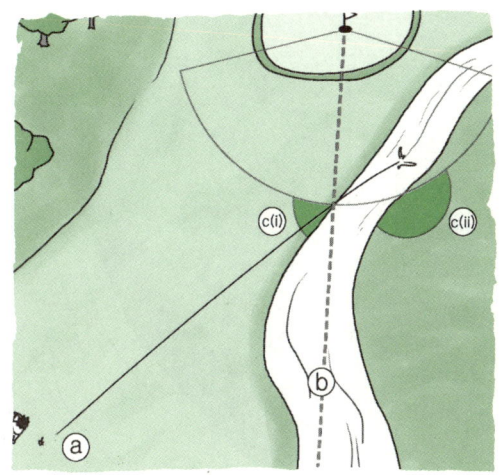

페어웨이와 나란히 흐르고 있는 개천에 볼을 빠뜨렸다.

✓ 1 페널티/구제 조치 후 계속 플레이

래터럴 워터 해저드 안에서 있는 그대로 플레이를 하는 경우에는 0페널티.

그럴 수가 없는 경우에는 1페널티를 부과하고 다음 중 선택한다.

a. 워터 해저드의 구제 조치 a
b. 워터 해저드의 구제 조치 b
c(i). 볼이 해저드의 경계를 마지막으로 가로지른 지점에서 2클럽 길이 이내에 드롭하여 플레이한다.
c(ii). 볼이 해저드의 경계를 마지막으로 가로지른 지점과 홀에서 같은 거리에 있는 맞은편의 지점에서 2클럽 길이 이내에 드롭하여 플레이한다. (285p 참조) 정의 29 규칙 26-1

144 말뚝 옆에 볼이 멈추어 있다
(황색, 적색말뚝)

볼이 워터 해저드의 말뚝 옆에 기대어 멈춰 있어
말뚝을 제거하고서 클럽을 지면에 대지 않고 샷을 하였다.

✓ 0 페널티/그대로 계속 플레이

워터 해저드를 표시하는 말뚝(황색, 적색말뚝)은 장해물이다. 쉽게 뽑아지면 움직일 수 있는 장해물로 치우면 되고, 쉽게 뽑아지지 않으면 움직일 수 없는 장해물의 구제를 받으면 된다. 말뚝을 뽑다가 볼을 움직여도 페널티는 없고 볼은 리플레이스하지 않으면 안 된다. 그러나 위의 상황과 같이 볼이 말뚝에 닿아있는 경우에는 볼이 해저드 안에 있는 것이므로 움직일 수 없는 장해물의 구제는 받을 수가 없고, 있는 그대로 플레이하거나, 1페널티를 부과하고 언플레이어블의 조치를 하거나, 워터 해저드의 구제조치를 하여야 한다. 규칙 24-1,2

145 볼을 확인하기 위하여 낙엽을 치웠다

연못에 빠진 볼이 낙엽에 뒤덮여 있어
확인을 위하여 낙엽을 치웠다.

✓ 0 페널티/그대로 계속 플레이

해저드 안에서도 확인을 위하여 볼의 일부가 보일 정도의 한도 내에서 루스 임페디먼트를 치울 수가 있다. 그리고 자신의 볼인지 아닌지 마크하고 집어 올려 확인하는 것도 가능하다. 단, 마커나 동반경기자에게 미리 그 의사를 전달하고 입회를 요청하지 않으면 안 된다.
(2008년 개정) 규칙 12-1,2

146 볼 위의 낙엽을 치웠는데 동반경기자의 볼이었다

볼 위의 낙엽을 치웠는데 동반경기자의 볼이었고,
조금 더 떨어진 물속에서 자신의 볼을 찾아
워터 해저드의 구제 조치를 하였다.

✓ 3 페널티/그대로 계속 플레이

볼이 해저드 안에 있을 때 루스 임페디먼트를 치운 것에 대한 2페널티를 부과하고, 워터 해저드의 구제 조치의 1페널티를 부과하여 합계 3페널티를 부과한다. (284p 참조) 규칙 13-4c

147 볼을 찾는데 클럽을 이용하였다

클럽을 이용하여 연못 속에 있는 볼을 찾아
해저드의 구제조치를 하였다.

✓ 1 페널티/그대로 계속 플레이

해저드 안에 있는 볼을 찾기 위하여 클럽을 사용하는 것은 아무런 지장이 없고, 볼을 움직여도 페널티가 없다. 워터 해저드의 구제조치에 대한 1페널티는 부과한다. (284p 참조) 규칙 12-1

148 클럽이 풀에 닿았다

워터 해저드의 물이 없는 곳에서 샷을 하려다가
클럽이 풀에 닿았다.

✓ 0 페널티/그대로 계속 플레이

해저드 안에서 접촉할 수 없는 것은 지면, 수면, 루스 임페디먼트이다. 플레이어가 볼의 라이나 스윙 구역의 개선, 해저드의 테스트를 한 것이 아니라면 장해물, 코스와 불가분의 건조물, 풀, 관목, 수목, 기타 생장물 등은 루스 임페디먼트가 아니므로 언제든지 접촉하여도 된다. 규칙 13-4註 재정 13-4/4

149 다리 위의 고인 물에 클럽이 닿았다

워터 해저드에 놓여있는 다리 위에서 고여 있는
물에 클럽이 닿고 말았다.

✓ 2 페널티/그대로 계속 플레이

(래터럴)워터 해저드 안에 있는 다리 위의 고여 있는 물은 워터 해저드 안의 물이다. 따라서 스트로크 이전에 접촉하여서는 안 된다.

규칙 13-4b

150 연못 위의 나뭇가지에 볼이 걸려 있다

연못 위로 드리워진 나뭇가지에 걸려있는 볼을 발견하였다.

✓ 1 페널티/구제조치 후 계속 플레이

워터 해저드의 한계는 수직의 위아래로 연장되므로, 나뭇가지 위의 볼은 워터 해저드 안에 있는 볼이 된다. (284p 참조)

정의 60 규칙 26-1 재정 26/1

151 스탠스가 해저드에 걸려 재드롭하였다

구제조치로 드롭을 하였는데 스탠스가 해저드에 걸린다.
아직 완전한 구제조치가 아니라고 판단하여
재드롭을 하였다.

✓ 1 페널티/리플레이스하여 계속 플레이

규칙에 따라 드롭을 해서 스탠스가 워터 해저드에 걸린다는 이유만으로는 구제를 받을 수가 없다. 따라서 인 플레이의 볼을 움직인 것에 대한 1페널티를 부과하고, 볼은 리플레이스 하지 않으면 안 된다. 리플레이스하지 않고 그대로 플레이하는 경우에는 2페널티를 부과한다. 규칙 18-2a, 20-2c

152 드롭 대신에 플레이스하였다

드롭할 장소가 연못의 가파른 경사여서 볼을 잃어버릴
위험성이 높았다. 그래서 드롭하지 않고
플레이스하여 샷을 하였다.

✓ 2 페널티/그대로 계속 플레이

드롭을 하고 재드롭을 하여도 볼이 연못 안으로 굴러 들어가는 경우에 비로소 플레이스가 인정된다. 드롭하는 대신에 플레이스를 하였고 더군다나 그 볼로 샷을 하였기 때문에 2페널티를 부과한다.

규칙 20-2c 재정 20-2c/3

153 해저드 밖으로 넘쳐 흐른 물속에 볼이 있다

워터 해저드의 경계선 밖으로 넘쳐흐른
물속에서 자신의 볼을 찾았다.

✓ 0 페널티/구제조치 후 계속 플레이

워터 해저드는 말뚝이나 선으로 그 경계를 확실하게 표시하고 있으므로, 워터 해저드 구역 밖으로 넘쳐흐른 물은 캐주얼 워터 해저드에 해당한다. 니어리스트 포인트를 찾아 그곳에서 홀에 더 가깝지 않게 1클럽 길이 이내에 드롭하여 플레이를 계속하도록 한다. (277p 참조) 규칙 25-1b 재정 25/2

154 추측하고 드롭하여 샷을 하였다

확증은 없었지만 볼이 연못 안으로 들어갔을 것이라는 추측으로 적당한 곳에 드롭하여 샷을 하였다.

✓ 3 페널티 / 마지막 플레이 지점에서 정정하여 계속 플레이

볼이 연못 안에 있는지 없는지는 사실문제로 그 확증이 있는 경우, 즉 볼이 연못에 들어간 것을 알고 있거나, 거의 확실한 경우에만 워터 해저드의 구제조치를 할 수가 있다. 추측만으로 다른 볼을 드롭한 순간 원구는 분실구 처리되어 1페널티를 부과하고, 또 그 볼로 샷을 하였기 때문에 오소에서의 플레이가 되어 2페널티를 추가하여 부과한다. 마지막 플레이 지점으로 되돌아가 정정하여 플레이를 계속하지 않으면 안 된다. 정정하지 않고 오소에서의 플레이가 중대한 위반으로 인정되는 경우에는 경기실격 처리된다.

규칙 20-7c, 26-1, 27-1c

155 OB를 낸 후에 구제조치를 선택하였다

수심이 얕은 곳에서 샷을 하였는데 볼은 OB로 들어가 버렸다. 그래서 마음을 바꾸어 이번에는 워터 해저드의 구제조치를 선택하였다.

✓ 2 페널티/구제조치 후 계속 플레이

샷을 한 지점에서 드롭하여 플레이를 계속하는 경우에는 OB의 1페널티만을 부과한다. 하지만 구제조치를 선택하였으므로 1페널티를 추가하여 부과하고 워터 해저드의 구제조치를 하여 플레이를 계속한다. 규칙 26-2b

156 원구와 잠정구가 연못 안에서 발견되었다

워터 해저드 밖에서의 분실이나 OB의 염려가 전혀 없는 홀에서 '볼이 연못에 빠졌을 염려가 있어 잠정구를 치겠다'고 마커에게 알리고 잠정구를 쳤다. 실제로 원구와 잠정구는 모두 연못 안에서 발견되었다.

✓ 2 페널티 / 2번째 볼에 대한 구제조치 후 계속 플레이

잠정구는 시간 절약을 위한 조치로, 볼이 워터 해저드에 빠졌을지도 모르는 경우에도 OB나 워터 해저드 밖에서 분실의 염려가 있을 때는 잠정구가 허락된다. 하지만 위의 상황과 같이 볼이 워터 해저드에 빠졌을지도 모른다는 이유만으로는 잠정구가 허락되지 않는다는 것에 주의하여야 한다. 2번째 볼로 샷을 한 순간 원구는 분실구가 되고, 2번째 볼이 〈스트로크와 거리의 벌〉에 의한 인 플레이의 볼이 된다. 다음 샷은 5번째 샷이 된다.

정의 43 규칙 26-1, 27-2a,2b 재정 27-2a/2,2,2

157 온 그린에 성공한 볼이 굴러 연못에 빠졌다

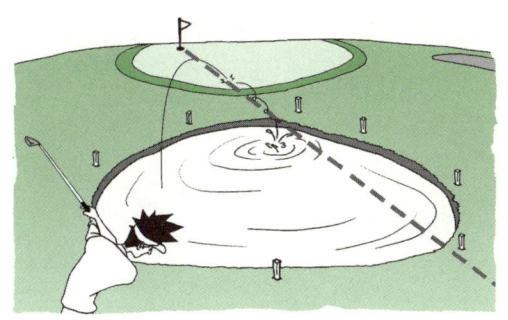

연못(황색 말뚝)을 넘겨 온 그린에 성공하였는데 잠시 후 볼이 구르기 시작하더니 연못 안으로 들어가 버렸다. 그래서 구제조치로 볼이 해저드의 경계를 마지막으로 가로질러 넘은 지점에서 2클럽 길이 이내에 드롭하여 어프로치샷을 하였다.

✓ 3 페널티(워터해저드1+오소2) / 정정하여 계속 플레이

워터 해저드를 래터럴 워터 해저드로 착각하고 구제조치를 한 케이스이다. 워터 해저드(황색말뚝)에서의 구제조치로는

a. 마지막으로 플레이한 지점

b. 볼이 해저드의 경계를 마지막으로 가로질러 넘은 지점과 홀을 연결한 해저드의 후방선상에서 가능하다. 중대한 위반이 인정되므로 정정하지 않으면 경기실격 처리된다. 규칙 26-1a,1b 재정 26-1/11

158 그린 뒤에서 친 볼이 연못에 빠졌다

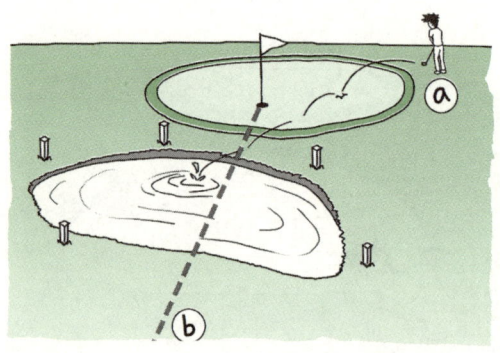

그린 뒤에서의 어프로치샷이 그린을 넘어 연못(황색 말뚝) 안으로 들어가고 말았다. 그래서 볼이 해저드의 경계를 마지막으로 가로질러 넘은 지점에서 2클럽 길이 이내에 드롭하여 샷을 하였다.

✓ 3 페널티(워터해저드1+오소2) / 정정하여 계속 플레이

워터 해저드를 래터럴 워터 해저드로 착각하고 구제조치를 한 케이스이다. 워터 해저드(황색말뚝)에서의 구제조치로는

a. 마지막으로 플레이한 지점

b. 볼이 해저드의 경계를 마지막으로 가로질러 넘은 지점과 홀을 연결한 해저드의 후방선상에서 가능하다. 중대한 위반이 인정되므로 정정하지 않으면 경기실격 처리된다. 규칙 26-1a,1b

159 개울에 빠진 볼이 흘러 OB로 들어갔다

2번째 샷이 개울에 빠져 흐르는 물을 따라
결국 OB구역 안으로 들어가 버렸다.

✓ 1 페널티/
마지막 플레이 지점에 드롭하여 계속 플레이

바람과 물에 의하여 볼이 움직인 경우에는 그 볼이 멈춘 곳에서 플레이를 계속하지 않으면 안 된다. 그러므로 볼이 OB구역 안으로 들어가 멈추어도 페널티 없이 구제를 받을 수는 없다. OB의 1페널티를 부과하고 마지막 플레이 지점(2번째 샷을 한 지점)으로 되돌아가 드롭하여 플레이를 계속하지 않으면 안 된다. 규칙 27-1b

160 개울에 빠진 볼을 집어 올렸다

개울에 빠져 OB구역 방향으로 흐르고 있는 볼을
미리 집어 올렸다.

✓ 1 페널티/구제조치 후 계속 플레이

워터 해저드의 구제조치를 선택하여 물속에서 움직이고 있는 볼을 페널티 없이 집어 올릴 수가 있다. 위의 상황에서 어차피 1페널티를 피할 수 없는 상황이라면 볼이 멈추기를 기다렸다 OB의 구제조치 (1가지)를 선택하는 것 보다, 래터럴 워터 해저드의 구제조치(4가지)를 선택하는 것이 훨씬 유리하다고 할 수 있겠다. (285p 참조)

규칙 14-6, 26-1

161 물속에서 움직이고 있는 볼을 쳤는데 오구였다

개울에 빠진 볼이 아주 천천히 움직이고 있어
그대로 샷을 하였는데 자신의 볼이 아니었다.

✓ 0 페널티 /
마지막 플레이 지점에서 정정하여 계속 플레이

볼이 물속에서 움직이고 있는 경우에 한하여 페널티 없이 샷을 할 수가 있고, 오구의 플레이가 발생하여도 페널티가 없다. 단, 바람이나 물에 의해 볼이 좋은 상황에 이를 때까지 기다리거나, 부당하게 플레이를 지연하는 경우에는 2페널티를 부과한다. 위의 상황에서는 개울로 되돌아가 자신의 볼을 찾아 플레이를 계속하지 않으면 안 되고, 만약 볼을 찾지 못하는 경우에는 1페널티를 부과하고 래터럴 워터 해저드의 구제조치를 한다. (2008년 개정) 규칙 14-6, 15-3b예외

Putting Green

162 퍼팅 그린 밖에 있는 볼을 먼저 쳤다

퍼팅 그린 위에 있는 동반경기자의 볼보다 퍼팅 그린 밖에 있는 자신의 볼이 홀에는 가까웠으나 원활한 진행을 위하여 먼저 샷을 하였다.

✓ 0 페널티/그대로 계속 플레이

2번째 샷부터는 홀에서 가장 멀리 있는 볼을 먼저 플레이 한다는 규정이 있지만, 스트로크 플레이에서는 경기자 중 어느 누군가를 유리하게 하기 위하여 합의가 있었던 것(관계경기자 전원 실격)이 아니라면 단순하게 타순을 틀렸다고 해서 페널티를 부과하지는 않는다.

규칙 10-2b, 2c

163 기다리는 동안 퍼팅 연습을 하였다

퍼팅 그린 옆에서 자신의 순서를 기다리다
볼을 사용하여 퍼팅 연습을 하였다.

✓ 2 페널티/그대로 계속 플레이

라운드 도중에 연습 스트로크가 가능한 곳은

a. 플레이를 방금 마친 퍼팅 그린과 그 부근.
b. 연습 퍼팅 그린과 그 부근.
c. 다음 홀의 티잉 그라운드와 그 부근.

단, 퍼팅이나 칩핑 연습에 한하고, 해저드 안에서 연습을 하거나, 부당하게 플레이를 지연시켜서는 안 된다. 위반한 경우에는 2페널티를 부과한다. 규칙 7-2 재정 7-2/3

164 'OK'라고 해서 볼을 그냥 집어 올렸다

상당한 거리가 있는 퍼팅이었는데 홀 10cm에 붙였다.
동반경기자가 OK라고 해서 볼을 그냥 집어 올렸다.

✓ 1 페널티/리플레이스하여 계속 플레이

프라이빗 경기에서 자주 볼 수 있는 상황으로 규칙상 스트로크 플레이에서는 OK 즉 컨시드(Concede)란 존재하지 않는다. 공식 경기에서는 마크하지 않고 볼을 집어 올린 것에 대한 1페널티를 부과하고, 볼은 리플레이스하지 않으면 안 된다. 정정하지 않고 다음 홀에서 스트로크를 하거나, 라운드 마지막 홀에서는 정정할 의사표시 없이 퍼팅 그린을 벗어나면 홀 아웃 불이행으로 경기실격 처리된다. 규칙 3-2, 20-1 재정 3-2/1

165 동반경기자에게 볼의 마크를 부탁하였다

어프로치샷을 한 볼이 퍼팅 그린 위의 동반경기자의
볼과 홀 사이에 멈추었다. 디봇 자국을 수리하느라
동반경기자에게 대신 볼의 마크를 부탁하였다.

✓ 0 페널티 / 그대로 계속 플레이

볼을 집어 올릴 수 있는 사람은 플레이어나 파트너(동반경기자가 아님), 플레이어가 승인한 사람이다. 플레이어가 승인하면 그 누구라도 상관없고, 그 사람이 비록 캐디라 할지라도 볼을 집어 올릴 때마다 플레이어가 승인하지 않으면 안 된다. 부탁을 받은 사람이 마크를 하는 과정에서 페널티가 발생한 경우의 책임은 모두 플레이어에게 있다. 규칙 20-1

166 컬러에서 볼을 마크하고 집어 올렸다

착각하여 그린 컬러 위에 있는 볼을
마크하고 집어 올려 닦았다.

✓ 1 페널티/리플레이스하여 계속 플레이

볼의 일부라도 퍼팅 그린에 접촉하고 있어야 퍼팅 그린 위에 있는 볼이 된다. 컬러는 퍼팅 그린의 일부가 아니므로 이유 없이 볼을 집어 올린 것에 대한 1페널티를 부과한다. 그린 컬러에서 스트로크한 볼이 꽂혀있는 깃대나 퍼팅 그린 위의 동반경기자의 볼에 맞아도 페널티는 없고 있는 그대로 플레이를 계속하지 않으면 안 된다. (275p 참조)

정의 44 규칙 18-2a 재정 18-2a/13

註 : 컬러(Collar)—프린지(Fringe) 에이프런(Apron)과 구분없이 사용하고 있는 용어로서 퍼팅 그린을 둘러싸고 있는 부분으로 페어웨이 잔디보다는 조금 짧게, 퍼팅 그린 잔디보다는 조금 길게 깎여있는 부분.

167 마크하다가 볼을 움직였다

볼에 마크를 하다가 그만 볼을 움직이고 말았다.

✓ 0 페널티 / 리플레이스하여 계속 플레이

볼의 위치를 마크하는 과정에서 볼이나 볼 마커를 우연히 움직여도 페널티는 없다. 움직인 볼이나 볼 마커는 리플레이스하지 않으면 안 된다. 규칙 20-1

168 볼 마커가 클럽에 달라붙어 움직였다

볼에 마크를 하고 퍼터로 가볍게 볼 마커를 두드려 눌렀는데
볼 마커가 퍼터의 밑면에 달라붙어 움직이고 말았다.

✓ 0 페널티 / 리플레이스하여 계속 플레이

규칙에 따라 볼을 집어 올리거나 마크를 하다가 우연히 그 볼이나 볼 마커를 움직인 경우에는 페널티 없이 리플레이스하지 않으면 안 된다. 마크한 장소가 확실하지 않은 경우에는 원래의 위치에 가능한 가까운 지점에 플레이스하지 않으면 안 된다. 마크를 하고서 퍼터의 밑면으로 볼 마커를 가볍게 누르는 행위는 마크하는 행위에 직접적인 관계가 있다고 간주하여 볼 마커를 움직여도 페널티를 부과하지 않는다. 규칙 20-1 재정 20-1/6

169 마크를 하지 않고 볼을 집어 올렸다

깜빡하고 퍼팅 그린 위의 볼을 마크도 하지 않고
집어 올렸다.

✓ 1 페널티 / 리플레이스하여 마크

코스의 어디에서건 리플레이스하지 않으면 안 되는 볼을 집어 올리는 경우에는 미리 그 볼의 위치를 마크하지 않으면 안 된다. 위반한 경우에는 1페널티를 부과하고 볼은 리플레이스 하지 않으면 안 된다. 규칙에 따라 볼을 집어 올리거나, 마크를 하다가 볼이나 볼 마커를 우연히 움직인 경우에는 페널티 없이 리플레이스하지 않으면 안 된다. 규칙 20-1,1註

170 마크를 하지 않고 볼을 돌려 놓았다

마크도 하지 않은 채 볼에 그어둔 선이 퍼트 라인과
일치하도록 볼을 조금 돌려놓았다.

✓ 1 페널티/리플레이스하여 계속 플레이

퍼팅 그린 위에서 볼을 만지거나 집어 올리는 경우에는 반드시 마크를 하지 않으면 안 된다. 인 플레이의 볼을 이유 없이 움직인 것에 대한 1페널티를 부과하고, 리플레이스하지 않으면 안 된다. 리플레이스하지 않고 그대로 퍼팅하는 경우에는 2페널티를 부과한다.

규칙 18-2a 재정 18-2a/33

171 티로 마크하였다

퍼팅 그린 위에서 볼에 마크를 하려는데 볼 마커가 없어
티로 대신 마크를 하였다.

✓ 0 페널티/그대로 계속 플레이

규칙에는 작은 동전이나 다른 유사한 물건이라고 언급하고 있을 뿐 볼 마커의 사이즈나 형태를 규정하고 있지는 않다. 플레이어가 상식적으로 생각하고 판단하여 퍼팅 그린에 상처를 입히지 않고, 다른 플레이어의 플레이에 방해가 되지 않으며, 볼의 위치를 확실히 마크할 수 있는 것이면 된다. 따라서 권장할 수는 없으나 티를 사용하여도 되고, 또 마크하기 위해 티를 퍼팅 그린에 꽂는 행위도 테스트로 간주하지 않는다. 규칙 20-1註

172 볼 마커를 원위치 하지 않고 퍼팅하였다

동반경기자의 요청으로 볼 마커의 위치를 옮기고,
그만 원위치 하지 않고 퍼팅을 하였다.

✓ 2 페널티 / 그대로 계속 플레이

오소에서의 플레이로 2페널티를 부과한다. 중대한 위반이 아니라면 오소에서 퍼팅한 볼로 홀 아웃 하지 않으면 안 된다. 볼 마커를 옮겨 줄 것을 요청한 플레이어는 스트로크를 한 다음, 볼 마커를 옮겨준 플레이어에게 감사를 표시함과 동시에 볼 마커를 원위치할 것을 상기시켜 주도록 한다. 규칙 20-7c 재정 20-7c/1,2

173 볼 마커를 치우지 않았는데 볼이 움직였다

볼을 리플레이스 하고서 볼 마커를 치우지 않은 채 홀 반대 방향에서 퍼트 라인을 살피고 있는데 볼이 다른 곳으로 굴러가 멈추었다.

✓ 0 페널티/그대로 계속 플레이

볼 마커를 치웠는지 치우지 않았는지에 상관없이 볼을 리플레이스한 때에 인 플레이의 볼이 되고, 볼이 국외자가 아닌 바람에 의하여 움직였으므로 볼이 멈춘 곳에서 플레이를 계속하지 않으면 안 된다.

규칙 20-4 재정 20-4/1

174 개가 볼을 물고 달아났다

퍼팅 그린 밖에서 어프로치샷을 한 볼이 퍼팅 그린 위에서
아직 움직이고 있는데 어디선가 나타난 개가 볼을 물고
멀리 달아나버렸다.

✓ 0 페널티 /
볼을 물어 올린 지점에 플레이스하여 계속 플레이

퍼팅 그린 밖에서 스트로크하여 움직이고 있는 볼이 퍼팅 그린 위에서 국외자에 의해 방향이 변경된 경우에는 있는 그대로 플레이하지 않으면 안 되고, 물어간 경우에는 볼을 물어 올린 지점에 가능한 가깝게 플레이스하지 않으면 안 된다. 하지만 퍼팅 그린 위에서 스트로크하여 움직이고 있는 볼이, 움직이거나 살아있는 국외자에 의해 방향이 변경되거나, 물어간 경우에는 그 스트로크를 취소하고 볼을 리플레이스하지 않으면 안 된다. 규칙 19-1 재정 19-1/6,7

175 캐디가 볼을 집어 올려 닦았다

퍼팅 그린의 전체적인 경사를 읽고 있는데 캐디가 허락없이 볼을 집어 올려 닦았다.

✓ 1 페널티 / 리플레이스하여 계속 플레이

규칙에 의하면 볼을 집어 올릴 수 있는 사람은 1.플레이어나 파트너 2.플레이어가 승인한 사람으로만 되어 있다. 즉 플레이어의 캐디라 할지라도 볼을 집어 올릴 때마다 플레이어의 승인 없이는 볼을 집어 올릴 수 없다는 점에 주의를 하여야 한다. 볼을 리플레이스 할 수 있는 사람은 1.플레이어나 파트너 2.그 볼을 집어 올리거나 움직인 사람이다. 규칙 18-2a, 20-1

176 캐디가 리플레이스 하였다

마크하고 집어 올린 볼을 캐디에게 던졌다.
캐디가 볼을 닦은 뒤 리플레이스 하였고
그대로 퍼팅을 하였다.

✓ 1 페널티/그대로 계속 플레이

볼을 리플레이스할 수 있는 사람은 1.플레이어나 파트너 2.그 볼을 집어 올리거나 움직인 사람이다. 플레이어가 볼을 집어 올린 경우의 리플레이스할 수 있는 사람은 플레이어나 파트너이고, 플레이어의 승인을 얻어 캐디가 볼을 집어 올린 경우의 리플레이스할 수 있는 사람은 캐디나 플레이어나 파트너가 되는 것이다. 위반하는 경우 1페널티를 부과하고, 스트로크 이전에는 페널티 없이 정정할 수 있다. (2008년 개정) 규칙 20-3a

177 캐디가 목표점을 가르쳐 주었다

캐디에게 어디를 목표점으로 삼아야 하는지 묻자, 캐디가
발을 옮겨 디디며 "이곳을 목표로 하세요"라며 상냥하게
가르쳐 주었다.

✓ 2 페널티/그대로 계속 플레이

볼이 퍼팅 그린 위에 있는 경우, 스트로크 하기 전에 말이나 행동으로 퍼트 라인을 가리키는 것은 인정이 되지만 퍼팅 그린 면에 접촉하여서는 안 된다고 규정하고 있다. 위의 상황에서는 캐디가 발을 옮겨 디딘 순간 2페널티를 부과하고, 발을 다른 곳으로 옮겨 디뎌도 페널티는 사라지지 않는다. 규칙 8-2b 재정 8-2b/2

178 캐디가 목표점을 가르쳐 주었다

깃대에 시중들고 있던 캐디에게 어디를 목표점으로 삼아야
하는지 묻자 "제 왼발을 목표로 하세요"라고 가르쳐 주고,
퍼팅을 하기 전에 홀 반대 방향으로 자리를 옮겨 깃대를 잡고 섰다.

✓ 0 페널티/그대로 계속 플레이

규칙에서 금지하고 있는 것은 퍼트 라인을 가리키면서 그린 면에 접촉하지 않을 것과 스트로크 중에도 퍼트 라인을 가리키고 있는 것이다. 위의 상황에서 캐디가 우연히 밟고 있는 곳을 목표점으로 하라고 했음으로 퍼트 라인을 가리키기 위해 그린 면에 접촉하였다고 할 수 없고, 또 퍼팅을 하기 전에 자리를 이동하였으므로 스트로크 중에 퍼트 라인을 가리키고 있지도 않았다. 규칙 8-2b 재정 8-2b/2

179 어드레스 이후에 볼이 홀인하였다

홀 가장자리에 멈춘 볼에 어드레스 하자 볼이 홀인하였다.

✓ 1 페널티/리플레이스하여 계속 플레이

어드레스 이후에 움직인 볼은 플레이어가 움직인 것으로 간주함으로 1페널티를 부과하고 볼은 리플레이스하지 않으면 안 된다. 정정하지 않고 다음 홀에서 스트로크를 하거나, 라운드 마지막 홀에서는 정정할 의사표시 없이 퍼팅 그린을 벗어나면 경기실격 처리된다.

규칙 18-2b 재정 18-2b/10 어드레스 이후에 볼이 움직인 경우 규칙 18-2b가 규칙16-2에 우선한다.

180 어드레스를 취한 후에 뒤로 잠시 물러났다

어드레스를 취하고 퍼팅하려 하자 갑자기 돌풍이 불어
일단 뒤로 물러났다. 잠시 후 볼에 다가서려 하자
볼이 굴러 움직였다.

✓ 1 페널티 / 리플레이스하여 계속 플레이

한번 어드레스를 취하면 뒤로 잠시 물러났다 하더라도 어드레스 이후라는 상태가 계속 유지된다. 따라서 어드레스 이후에 볼이 움직인 것에 대한 1페널티를 부과하고, 볼은 리플레이스하지 않으면 안 된다. 바람이 강하게 불 때, 볼이 심한 경사에 있을 때, 또는 깊은 러프 위에 떠 있을 때 등의 볼이 움직일 위험성이 있는 경우에는 어드레스를 생략하고 스트로크 하거나, 위와 같은 상황에서는 볼을 마크하고 집어 올려 일단 어드레스를 해제시켰다가 리플레이스하면 페널티를 피할 수가 있다. 규칙 18-2b 재정 18-2b/7,8

181 동반경기자가 퍼트 라인 위에 상처를 냈다

홀에서 가까운 동반경기자가 깃대를 뽑아 돌아서다
자신의 퍼트 라인 위에 스파이크로 상처를 입혔다.

✓ 0 페널티 / 원상 복원하여 계속 플레이

플레이 중인 홀의 모든 경기자의 플레이가 끝날 때까지 스파이크로 인한 자국이나 상처는 수리할 수가 없으나, 위와 같은 상황에서는 형평이념에 의거하여 원래의 상태대로 복원할 수가 있다.

규칙 1-4 재정 16-1a/13

182 퍼트 라인 위를 실수로 걸었다

실수로 그만 자신의 퍼트 라인 위를 걷고 말았다.

✓ 0 페널티 / 그대로 계속 플레이

퍼트 라인의 개선을 목적으로 의도적으로 걸었다고 판단되면 2페널티를 부과하지만, 우연이나 실수로 걸었고, 퍼트 라인의 개선이 없는 경우에는 페널티가 없다. 하지만 클레임의 소지가 있으므로 퍼트 라인을 밟지 않도록 주의하여야 한다. 규칙 16-1a 재정 16-1a/12

183 볼 마크를 수리하였다

자신의 볼과 홀 사이에 있는
볼 마크(피치 마크)를 수리하였다.

✓ 0 페널티/그대로 계속 플레이

자신의 볼이 퍼팅 그린 위에 있거나 없거나 상관없이 수리하여도 되는 것은 볼의 충격에 의해 생긴 볼 마크와 사용한 홀을 메운 자국뿐이다. 스파이크로 인한 상처나 자국 등은 경기자 모두가 홀 아웃 한 뒤에 고쳐야 하고, 위반한 경우에는 2페널티를 부과한다. 규칙 16-1c

184 스파이크 자국을 수리하였다

퍼트 라인 위에 있는 볼 마크를 수리하면서
근처에 있는 스파이크 자국도 수리하였다.

✓ 2 페널티/그대로 계속 플레이

스파이크로 인한 자국이나 상처는 그 홀에서 자신을 비롯한 모든 동반경기자의 플레이가 끝난 후에 수리하여야 한다. 단, 볼 마크나 사용한 홀을 메운 자리에 스파이크로 인한 자국이나 상처가 겹쳐있을 경우에는 수리하여도 페널티가 없다. 규칙 16-1c 재정 16-1c/4

185 퍼트 라인 위의 모래를 모자로 치웠다

자신의 볼과 홀 사이에 흩어져 있는 모래를
쓰고 있던 모자로 치웠다.

✓ 0 페널티 / 그대로 계속 플레이

모래와 흩어진 흙은 퍼팅 그린 위에 있는 경우에 한해서 루스 임페디먼트가 된다. 따라서 볼이 퍼팅 그린 위에 있거나 없거나 상관없이 언제든 치울 수가 있다. 또 루스 임페디먼트를 치우다가 볼을 움직여도 페널티는 없고 볼은 리플레이스하지 않으면 안 된다. 퍼트 라인 위의 루스 임페디먼트를 모자나 수건 등으로 털어내는 것은 가능하나, 퍼트 라인을 세게 눌러서는 안 된다. 규칙 16-1a, 23-1 재정 16-1a/8

186 퍼트 라인 위의 잔디를 뜯었다

퍼트 라인 위에 몇 가닥의 긴 잔디가 있어 볼이 구르는데
방해가 된다 싶어 잡아 뜯어냈다.

✓ 2 페널티/그대로 계속 플레이

퍼트 라인의 접촉 금지, 또는 퍼트 라인의 개선 금지에 위반이 되어 2페널티를 부과한다.

퍼트 라인에 접촉해도 되는 경우는 루스 임페디먼트를 제거할 때, 볼에 어드레스 할 때, 거리를 잴 때, 볼을 집어 올리거나 리플레이스 할 때, 볼 마커를 누를 때, 볼 마크나 사용한 홀의 자국을 수리할 때, 움직일 수 있는 장해물을 치울 때이다. 규칙 13-2, 16-1a

187 퍼트 라인 위에 물이 고여 있다

퍼트 라인 위에 물이 고여 있다.

✓ 0 페널티 / 니어리스트 포인트에 플레이스하여 계속 플레이

퍼트 라인 위에 물이 고여 있는 경우에는 페널티 없이 홀에 더 가깝지 않고, 해저드 이외의 장소로, 장해가 없는 원래의 위치에 최대한 가까운 지점(니어리스트 포인트)에 플레이스하지 않으면 안 된다. 물이 고인 부분이 넓은 경우 퍼팅 그린 밖에 구제조치의 니어리스트 포인트가 있어도 된다. (277p 참조) 규칙 25-1a,1b 재정 25-1b/10,10.5

188 퍼트 라인을 걸치고 서서 퍼팅하였다

짧은 퍼팅을 남겨두고 먼저 홀 아웃 하려는데 정상적인 스탠스를 취하면 동반경기자의 퍼트 라인을 밟게 되어 자신의 퍼트 라인을 걸친 채 퍼팅을 하였다.

✓ 0 페널티/홀 아웃 인정

다른 동반경기자의 퍼트 라인을 밟지 않기 위해서나 부주의로 인하여 자신의 퍼트 라인 위에서 또는 퍼트 라인을 걸치고 퍼팅을 한 경우에는 페널티를 부과하지 않는다. (2008년 명확화)

규칙 16-1e예외 재정 16-1e/2

189 캐디가 퍼트 라인의 후방 연장선상에 서 있었다

스트로크를 하는 동안 캐디가 부주의로 퍼트 라인의 후방 연장선상에 서 있었다. 캐디는 다른 홀의 선수를 보고 있었고, 플레이어는 캐디가 그곳에 서 있는 사실을 모르고 있었다.

✓ 0 페널티/그대로 계속 플레이

규칙에서는 플레이어가 스트로크를 하고 있는 동안에 캐디가 플레이어에게 원조를 하기 위하여 플레이 선이나 퍼트 라인의 후방 연장선상, 혹은 그 부근에 서 있는 것을 금지하고 있다. 위반한 경우에는 2페널티를 부과한다. 하지만 위의 상황에서 캐디와 플레이어에게서 그러한 의도는 전혀 엿볼 수 없고, 단순한 부주의에 의한 것이므로 페널티를 부과하지 않는다. 규칙 14-2b 재정 14-2/4

190 예비의 퍼팅 그린 위에 볼이 있다

홀마다 2개의 퍼팅 그린이 준비되어 있는 코스에서 볼이 플레이가 금지되어 있는 퍼팅 그린 위에 놓여있어 니어리스트 포인트를 정하고 드롭하여 어프로치샷을 하였다.

✓ 0 페널티/그대로 계속 플레이

2개의 퍼팅 그린 중 사용하지 않는 퍼팅 그린은 플레이의 금지가 로컬 룰로서 규정되어 있지 않으면 목적 외 그린이 아닌 스루 더 그린에 해당함으로 있는 그대로 플레이하지 않으면 안 된다. 위의 상황에서는 로컬 룰로서 플레이가 금지되어 있으므로 페널티 없이 니어리스트 포인트를 정하여 그곳에서 홀에 더 가깝지 않게 1클럽 길이 이내에 드롭하여 플레이를 계속하지 않으면 안 된다.

정의 62 규칙 25-3

191 퍼팅 그린에 스탠스가 걸린다

볼은 옆 홀의 퍼팅 그린을 조금 벗어난 곳에 있으나
스탠스가 퍼팅 그린에 걸려 구제조치를 하기 위하여
볼을 집어 올렸다.

✓ 1 페널티 / 리플레이스하여 계속 플레이

현재 플레이 중인 홀의 퍼팅 그린 이외의 퍼팅 그린은 목적 외 그린으로 볼이 목적 외 그린 위에 놓여 있는 경우에 한하여 페널티 없이 구제를 받을 수가 있다. 위의 상황과 같이 스탠스가 목적 외 그린에 걸린다는 이유로는 목적 외 그린의 장해가 발생하였다고 할 수 없다. 이유없이 인 플레이의 볼을 움직였으므로 1페널티를 부과하고 볼을 리플레이스하여 플레이를 계속하지 않으면 안 된다.

정의 62 규칙 25-3, 18-2a

192 퍼터에 기대고 있다 샤프트가 휘었다

퍼터에 몸을 기대고 있다 퍼터의 샤프트가 휘어
곧바로 고쳐서 사용하였다.

✓ 0 페널티/그대로 계속 플레이

경사가 있는 곳에서 클럽을 지팡이 대용으로 사용하거나, 클럽에 몸을 기대고 있다가 클럽이 손상을 입은 경우에도 통상적인 플레이로 인한 손상으로 해석한다. 그러므로 그대로 사용하거나, 지체없이 수리, 교환이 가능하다. 단, 통상적인 플레이 이외의 이유로 클럽이 손상되었을 경우에는 수리, 교환이 인정되지 않고, 사용하면 경기실격 처리된다. 규칙 4-3a,3b 재정 4-3/1

193 손바닥으로 잔디를 문질렀다

퍼팅 그린의 잔디의 결을 확인하기 위하여
손바닥으로 문질러보았다.

✓ 2 페널티 / 그대로 계속 플레이

단순히 손바닥 등을 그린면에 대는 것은 규칙위반이 아니지만, 퍼팅 그린 면에서 볼을 굴리는 것, 긁는 것, 문지르는 것은 테스트로서 금지하고 있고 위반한 경우에는 2페널티를 부과한다. 규칙 16-1d

194 캐디에게 볼을 굴려 던졌다

마크를 하고 집어올린 볼을 닦아 달라고
캐디에게 굴려 던졌다.

✓ 2 페널티/그대로 계속 플레이

규칙에 따라 퍼팅 그린면의 테스트를 한 것으로 간주하여 2페널티를 부과한다. 규칙 16-1d

195 퍼터의 밑면으로 퍼팅하였다

퍼팅한 볼이 홀 바로 앞에서 멈춰 당구를 하듯이 자세를
취하여 퍼터의 밑면으로 밀어 넣었다.

✓ 2 페널티 / 홀 아웃 인정

클럽 헤드의 어느 부분을 사용하여도 상관없지만 스트로크 방법이
올바르지 않아서 2페널티를 부과한다. 즉 밀어내거나, 긁어당기거나,
떠올리거나 해서는 안 된다. 규칙 14-1 재정 14-1/1,2,3

196 다른 볼로 퍼팅하였다

마크하고 볼을 집어 올려 닦아서 주머니에 넣었다.
자신의 순서가 되어 퍼팅을 하였는데 다른 볼이었다.

✓ 2 페널티 / 그대로 계속 플레이

볼의 교체가 허락되지 않았음에도 볼을 교체하여 스트로크 하였음으로 2페널티를 부과하고, 교체된 볼이 인플레이의 볼이 되어 그 볼로 플레이를 계속하지 않으면 안 된다. 규칙 15-2

197 우산을 쓴 채 한손으로 퍼팅하였다

한 손에는 우산, 다른 한 손에는 퍼터를 들고
퍼팅을 하여 홀 아웃 하였다.

✓ 0 페널티/홀 아웃 인정

스트로크를 하는 동안 플레이어는 물리적 원조나 바람, 비 등을 피하기 위해 타인에게 보호를 받아서는 안 된다. 위반한 경우에는 2페널티를 부과한다. 하지만 자신이 우산을 쓰고 퍼팅하는 것은 규칙위반이 아니다. 규칙 14-2a 재정 14-2/2

198 동반경기자의 볼이 움직이고 있는 동안에 퍼팅하였다

퍼팅 그린 위에서 동반경기자의 볼은 홀에서 15미터, 자신의 볼은 10미터 거리에 있었다. 동반경기자가 퍼팅하자 곧바로 자신도 퍼팅하였는데 두 볼이 부딪치고 말았다.

✓ 2 페널티 / 리플레이스하여 계속 플레이

퍼팅 그린 위에서 아직 자신의 순서가 아니었고 더군다나 다른 볼이 움직이고 있는 동안에 스트로크 하였으므로 2페널티를 부과한다. 동반경기자는 자신의 순서였으므로 페널티가 없고, 두 사람 모두 스트로크를 취소하고, 볼을 리플레이스하지 않으면 안 된다. 만약 위의 상황에서, 자신이 먼저 퍼팅을 하고 곧이어 동반경기자가 퍼팅하여 두 볼이 부딪힌 경우라면 동반경기자의 순서였으므로 두 사람 모두 페널티 없이 스트로크를 취소하고 볼을 리플레이스하지 않으면 안 된다. 규칙 16-1f, 19-1b

199 동반경기자의 볼 마커 위치에서 퍼팅하였다

자신의 볼 마커와 똑같은 동반경기자의 볼 마커 위치에서 퍼팅을 하였다.

✓ 2 페널티 / 그대로 계속 플레이

오소에서의 플레이로 2페널티를 부과한다. 중대한 위반이 아니라면 오소에서 퍼팅한 볼로 홀 아웃 하지 않으면 안 된다.

규칙 20-7c 재정 20-7c/2

200 승인 없이 동반경기자가 깃대를 뽑아 들었다

상당한 거리에서의 퍼팅이라 깃대를 그대로 꽂아둔 채 퍼팅을 하였는데 볼에 깃대가 맞기 직전 동반경기자가 달려가 깃대를 뽑아 들었다.

✓ 2 페널티(동반경기자) / 그대로 계속 플레이

플레이어의 승인없이 또는 플레이어가 모르는 사이에 스트로크 중이거나, 볼이 움직이고 있을 때 깃대에 시중을 들거나, 제거하거나, 들어 올린 경우 등 그러한 행위가 볼의 움직임에 영향을 끼칠지도 모르는 경우에는 무단의 시중이 되어 2페널티를 부과한다. 위의 상황에서 동반경기자는 호의로 그러한 행동을 한 것이지만 2페널티를 부과한다. 규칙 17-2 재정 17-2/2

201 깃대와 홀 사이에 끼어있는 볼을 그냥 집어 올렸다

티샷한 볼이 깃대와 홀 사이에 끼어있다.
홀인원이라 판단, 기뻐하며 볼을 집어 올렸다.

✓ 1 페널티/리플레이스하고 정정하여 홀 아웃

홀과 깃대 사이에 볼이 끼어 있어도 볼 전체가 홀의 가장자리보다 밑에서 정지해 있지 않으면 그 볼은 홀인한 것으로 볼 수 없다. 위와 같은 상황에서는 깃대를 가볍게 흔들어 볼 전체가 홀의 가장자리보다 밑으로 내려가게 한 후(완전히 홀 안에 집어넣은 후)에 집어 올려야 홀인원이 인정된다. 인 플레이의 볼을 마크하지 않고 집어 올린 것에 대한 1페널티를 부과하고, 볼을 리플레이스하여 깃대를 움직여 볼이 완전히 홀의 가장자리보다 밑으로 내려가 멈추게 하여 홀 아웃 하도록 한다. 홀인원이 버디가 되어버린 안타까운 케이스이다. 정의 27 규칙 17-4, 20-1 재정 17-4/1

202 깃대를 뽑자 볼이 튀어나왔다

어프로치샷이 홀의 가장자리에서 깃대에 기대어 멈추었다.
깃대를 뽑으며 볼을 밑으로 떨어뜨리려 하였는데
그만 볼이 튀어나와 버렸다.

✓ 0 페널티 / 홀의 가장자리에 플레이스하여 계속 플레이

깃대를 움직이거나 제거하다가 볼이 홀 밖으로 나와 버린 경우에는 페널티 없이 홀의 가장자리에 볼을 플레이스하지 않으면 안 된다. 플레이스하지 않고 그대로 플레이하는 경우에는 2페널티를 부과한다.

규칙 17-4 재정 17-4/4

203 퍼트한 볼이 깃대에 맞았다

상당한 거리를 남겨둔 퍼팅이라 깃대를 꽂아둔 채
퍼팅을 하였는데 볼이 깃대에 맞고 그대로 홀인 하였다.

✓ 2 페널티/홀 아웃 인정

퍼팅 그린 위에서 스트로크 한 볼이 퍼팅 그린의 안과 밖을 불문하고 깃대에 맞은 경우에는 2페널티를 부과하고, 볼이 멈춘 곳에서 플레이를 계속하지 않으면 안 된다. 규칙 17-3

204 볼에 맞기 직전에 깃대를 치웠다

동반경기자가 퍼팅한 볼이 경사를 타고 홀을 지나 계속 굴러 내려오고 있다. 그곳에는 뽑아놓은 깃대가 있어 볼에 맞지 않도록 다른 곳으로 치워주었다.

✓ 0 페널티 / 그대로 계속 플레이

개정된 규칙에 따라 시중들고 있던 깃대와 더불어 제거된 깃대, 들어 올려진 깃대도 볼이 움직이고 있는 때에 누구든지 움직일 수가 있다. (2008년 개정) 규칙 24-1 재정 17-1/6,7

205 퍼트한 볼이 동반경기자의 볼에 맞았다

퍼팅 그린 위에서 퍼트한 볼이 멈추어 있는
동반경기자의 인 플레이의 볼에 맞았다.

✓ 2 페널티/그대로 계속 플레이

퍼팅 그린 위에서 퍼트한 볼이 멈추어 있는 인 플레이의 볼을 맞힌 경우 2페널티를 부과하고 볼이 멈춘 곳에서 플레이를 계속하지 않으면 안 된다. 맞은 볼은 페널티 없이 원래의 위치에 리플레이스하지 않으면 안 된다. 규칙 19-5a, 18-5

206 퍼트한 볼이 캐디의 발에 맞았다

퍼트한 볼이 깃대에
시중을 들고 있던 공용 캐디의 발에 맞았다.

✓ 2 페널티 / 그대로 계속 플레이

퍼팅 그린 위에서 스트로크한 볼이 시중들고 있거나, 제거되거나, 집어 올려지거나, 홀에 꽂혀있는 깃대 또는 그 사람, 휴대품에 맞은 경우에는 2페널티를 부과한다. 볼이 멈춘 곳에서 플레이를 계속하지 않으면 안 된다. 규칙 17-3

207 퍼트한 볼이 걷고 있던 동반경기자의 발에 맞았다

퍼트한 볼이 퍼팅 그린 위를 걷고 있는
동반경기자의 발에 맞았다.

✓ 0 페널티/리플레이스하여 계속 플레이

퍼팅 그린 위에서 스트로크로 움직이고 있는 볼이 움직이고 있는 국외자에 의하여 방향이 바뀌거나 멈춘 경우에는 그 스트로크를 취소하고 원래의 위치에 볼을 리플레이스하지 않으면 안 된다. 정정하지 않고 볼이 멈춘 곳에서 플레이를 계속하는 경우 오소에서의 플레이로 중대한 위반이 아닌 경우는 2페널티를 부과하고, 중대한 위반이라면 경기실격 처리된다. 규칙 19-1b 20-7c 재정 19-1/3

208 동시에 퍼트한 볼이 부딪쳤다

거의 같은 거리를 남겨두고서 서로 자신의 순서라 생각하고
퍼트를 하여 두 볼이 부딪치고 말았다.

✓ 0 페널티 / 리플레이스하여 계속 플레이

퍼팅 그린 위에서 스트로크 되어 움직이고 있는 볼이 움직이고 있는 다른 볼과 부딪힌 경우에는 페널티 없이 두 사람 모두 그 스트로크는 취소하고 원래의 위치에 리플레이스하지 않으면 안 된다.

규칙 19-1b

209 집어 올려 놓아둔 볼에 맞았다

퍼트한 볼이 마크를 하고 집어 올렸다 퍼팅 그린 위에 놓아둔 동반경기자의 볼에 맞았다.

✓ 0 페널티/그대로 계속 플레이

플레이 중인 볼도 집어 올려진 후 다시 인 플레이로 되지 않았을 경우에 그 볼은 휴대품으로 간주한다. 따라서 국외자에 의하여 방향이 바뀌거나 멈춘 경우와 마찬가지로 페널티를 부과하지 않고, 볼이 멈춘 곳에서 플레이를 계속하지 않으면 안 된다. 동반경기자는 페널티 없이 마크를 해 놓은 위치에 리플레이스하여 플레이를 계속하지 않으면 안 된다. 정의 16 註1 규칙 19-1,4 20-3a 재정 19-5/1

210 그린 밖에서 샷을 한 볼이 그린 위의 볼에 맞았다

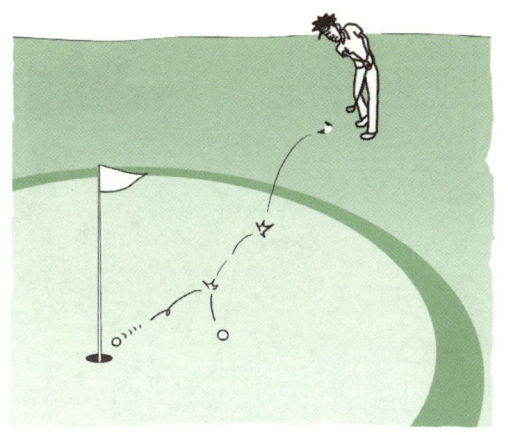

퍼팅 그린 밖에서 샷을 한 볼이 퍼팅 그린 위의 볼에 맞았다.

✓ 0 페널티/그대로 계속 플레이

퍼팅 그린 밖에서 스트로크 한 볼이 퍼팅 그린 위의 볼을 맞힌 경우에는 페널티를 부과하지 않고, 맞힌 볼은 멈춘 위치에서 그대로 플레이를 계속하고, 맞은 볼은 원래의 위치에 리플레이스하지 않으면 안 된다. 규칙 19-5a, 18-5

211 홀 끝에 걸린 볼이 40초 후에 홀인하였다.

퍼트한 볼이 홀 끝에 걸려있어 볼에 다가가 40초 정도 기다렸다. 그러자 예상대로 볼이 홀 안으로 굴러 떨어졌다.

✓ 1 페널티/그대로 계속 플레이

볼이 홀의 가장자리에 멈추어 있는 경우, 볼에 다가가는 시간에 더하여 10초간 기다릴 수가 있다. 시간을 초과하여 볼이 홀에 들어간 경우에는 1페널티를 부과하고, 마지막 스트로크로 볼이 홀에 들어간 것으로 간주한다. 부당하게 지연을 하는 경우에는 2페널티를 부과함으로 주의하여야 한다. 규칙 16-2, 6-7 재정 16-2/1

212 틀린 스코어 카드를 제출하였다

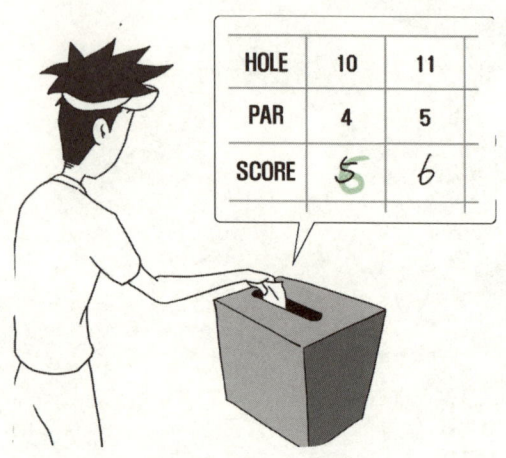

라운드를 마친 뒤 곧바로 스코어 카드를 제출했는데
한 홀의 스코어가 실제보다 적게 적혀 있었다.

✓ 경기실격

경기자는 자신의 스코어 카드에 기입한 각 홀의 스코어가 정확해야 할 것에 대한 책임이 있다. 어느 홀의 스코어를 실제보다 적게 신고한 경우에는 경기실격 처리된다. 반대로 어느 홀의 스코어를 실제보다 많게 신고한 경우에는 그 홀의 스코어는 신고한 스코어로 한다. 단, 경기자가 경기가 끝나기 전에 페널티를 부과받은 사실을 몰라 스코어에 페널티를 포함시키지 않은 경우는 제외한다.

규칙 6-6d, 34-1예외(iii)

213 합계가 틀린 스코어 카드를 제출하였다

각 홀의 스코어는 바르게 적었는데 합계가 틀린 것을 모르고 제출하였다.

✓ 0 페널티

각 홀의 스코어의 기입에 관한 것은 플레이어의 책임이지만, 각 스코어의 가산, 핸디캡의 적용, 순위를 산출하는 것은 경기위원회의 책임이다. 규칙 6-6d註1, 33-5 재정 6-6d/2

214 자신과 마커의 서명이 뒤바뀌었다

어테스트를 하면서 서로 뒤바뀐 서명란에
사인을 하여 제출하였다.

✓ 0 페널티

마커의 사인과 자신의 사인이 있으면 스코어 카드는 유효하고 서명란이 뒤바뀌어 있어도 문제가 없다. 그러나 어느 누구의 사인이라도 누락되어 있는 스코어 카드는 무효로 경기실격 처리된다는 것에 주의한다. 규칙 6-6b 재정6-6b/1 註 : 어테스트(Attest)-스트로크 플레이에서 경기 종료 후 마커와 각 홀의 스코어가 정확한가를 확인하고 사인을 받는 것.

215 이니셜로 서명을 대신하였다

스코어 카드에 이니셜로 서명을 대신하였다.

✓ 0 페널티

이니셜이라 하더라도 본인이 한 것이라면 상관없다.

규칙 6-6b 재정 6-6b/2

216 마커가 서명한 후에 스코어를 정정하였다

마커가 서명을 한 후에 스코어가 틀린 홀이 있는 것을 알았다. 그래서 고쳐 쓴 후에 제출하였다.

✓ 경기실격

마커가 기록한 스코어를 고쳐 쓰면 마커의 서명이 무효가 되어 경기실격 처리된다. 스코어를 정정하고자 하는 경우에는 스코어 카드를 제출하기 전에 마커나 위원회에 보고·신청하여야 한다.

규칙 6-6b 재정 6-6b/7

217 핸디캡을 많게 신고하였다

핸디캡 경기에서 실수로 핸디캡을 많게 적어 신고하였다.

✓ 경기실격

핸디캡이란 기술의 우열을 넘어 남녀노소를 불문하고 경기에 있어서 플레이를 공평하게 하기 위해 만들어진 시스템으로 실제보다 많게 신고한 경우에는 경기실격 처리되고, 적게 신고한 경우에는 그 신고한 핸디캡을 채택한다. 규칙 6-2b

218 스코어 카드를 분실하였다

라운드 도중 위원회가 발행한 스코어 카드를 분실하였다.

✓ 0 페널티

스코어 카드를 분실하여도 페널티는 없고 다른 종이에 스코어를 메모하여 스코어 카드를 제출할 때 위원회로부터 재발행 받으면 된다. 재정 6-6a/7

219 스코어 대신 홀의 번호를 고쳤다

HOLE	10	~~12~~	~~11~~	13
PAR	4	4	3	5
SCORE	5	5	4	4

몇 홀의 스코어를 다른 홀의 스코어 란에 적고 말았다.
그래서 스코어가 아닌 홀의 번호를 고쳐 사인하고
경기자에게 건네주었다.

✓ 0 페널티

각 홀의 스코어가 정확하다면 그 스코어 카드는 유효하다.

재정 6-6a/3

개정된 규칙의 주요 변경 사항

1. **거리에 관한 정보는 '어드바이스'로 간주하지 않는다고 규정하였다.**
 (정의3)
 어느 누구와도 거리에 관한 정보교환을 허용하게 되었다.

2. **다른 볼을 인 플레이한 경우 원구는 분실구가 된다고 규정하였다.**
 (정의33)
 적용 가능한 규칙에 의거하여 다른 볼을 인 플레이 한 때, 즉 드롭하거나 플레이스 한 시점에 원구는 분실구가 되는 것으로 하였다. 티잉 그라운드에서는 드롭하거나, 티업한 것만으로는 인 플레이라 보지 않고 스트로크 한 시점을 인 플레이로 본다.

3. **부적합 클럽을 휴대한 경우의 페널티를 경감하였다.** (규칙4-1,2)
 부적합 클럽을 휴대한 것만으로도 경기실격 처리되었던 것에서, 휴대만 하고 사용하지 않은 경우에는 클럽을 초과하여 휴대하였을 때와 마찬가지로 위반이 있었던 홀에 2페널티, 1라운드 최대 4페널티로 개정하였다. 단, 불사용 선언을 하지 않으면 경기실격 처리된다.

4. **해저드에서의 오구의 플레이에 대해 2페널티를 부과하게 되었다.**
 (규칙12-2, 15-3)
 해저드 안에서 볼의 확인이 인정되지 않아 오구의 플레이가 있어도 페널티를 부과하지 않았지만, 해저드 안에서도 볼의 확인을 인정하는 대신에 오구의 플레이가 발생한 경우에는 2페널티를 부과하게 되었다.

5. **벙커 안에서 다음 스트로크의 라이의 개선 등의 위반이 되지 않는 경우 모래를 고를 수 있게 되었다.** (규칙13-4예외2)

벙커 안에서 스트로크하여 아직 볼이 벙커 안에 있는 경우, 모래를 고르고 다시 스트로크한 결과 볼이 모래를 고른 곳에 멈춘 경우 2페널티가 부과되었지만, 개정된 규칙에서는 벙커샷을 실패하였어도 그 벙커 안에 멈추어 있는 볼에 대해 라이의 개선, 의도하는 스윙 구역, 스탠스, 플레이 선의 개선이 없으면 모래를 고를 수가 있고, 볼이 고른 곳에 멈춘 경우에도 페널티가 부과되지 않게 되었다.

6. 실수로 교체된 볼(2페널티)을 오소(2페널티)에서 플레이 한 경우 이중부과를 피해 2페널티로 경감하였다. (규칙15-2예외, 20-7c註3)

7. 멈추어 있는 인 플레이의 볼을 움직여(1페널티), 다른 볼을 플레이스하여 플레이(2페널티) 한 경우 이중부과를 피해 2페널티로 경감하였다. (규칙18)

8. 볼이 움직이고 있는 도중에 깃대를 치우는 것이 가능하게 되었다. (규칙24-1)

 볼이 움직이고 있을 때 깃대에 시중들거나, 제거하였거나, 들어 올린 깃대를 움직일 수가 있게 되었다.

9. 볼이 본인이나 자신의 캐디, 휴대품에 맞은 경우 1페널티로 경감하였다. (규칙19-2)

10. 규칙에 허락되지 않은 사람이 플레이스, 리플레이스 한 경우 1페널티로 경감하였다. (규칙20-3a)

 볼의 리플레이스가 가능한 사람은
 1. 플레이어(또는 파트너).
 2. 그 볼을 집어 올리거나, 움직인 사람.
  단, 스트로크 이전에 정정하면 페널티를 면할 수 있다.

11. 부주의 또는 다른 경기자의 퍼트 라인을 밟지 않기 위해 자신의 퍼트 라인을 밟거나, 걸치고 퍼팅한 경우에는 페널티를 부과하지 않는다는 예외 규정을 추가하였다. (규칙16-1e)

12. 스트로크와 거리의 벌에 대한 규정을 추가하였다. (규칙27-1a)
스트로크와 거리의 벌에 대한 의미를 명확하게 규정하였다. 즉 스트로크와 거리의 벌이란 1페널티를 부과하고 마지막으로 플레이를 한 위치에서 플레이를 하는 것을 의미한다. 스트로크란 1페널티를 부과하는 것, 거리의 벌이란 플레이한 거리를 잃는 것, 즉 마지막으로 플레이를 한 위치로 되돌아간다는 것이다.

13. "합리적 증거"를 "알고 있거나, 사실상 확실"로 바꾸었다.
장해물, 비정상적인 그라운드 상태, 워터 해저드의 안에서 발견되지 않는 볼이 그 상태의 안에 있는가 없는가를 결정할 때 합리적 증거에서 알고 있거나, 거의 확실이라는 말로 바뀌었다. 알고 있거나, 거의 확실이라는 의미는 100% 또는 거기에 가까운 %라는 뜻이다.

용어해설

1. 비정상적인 그라운드 상태 (Abnormal Ground Condition)
비정상적인 그라운드 상태란 캐주얼 워터, 수리지, 구멍을 파는 동물, 파충류, 새들에 의해 코스에 만들어진 구멍, 쌓인 흙, 통로를 말한다.

2. 어드레스 (Addressing the Ball)
플레이어가 스탠스를 취하고 클럽을 지면에 댔을 때 그 플레이어는 볼에 어드레스를 한 것이 된다. 단, 해저드 안에서는 플레이어가 스탠스를 취한 때에 그 플레이어는 볼에 어드레스를 한 것이 된다.

3. 어드바이스 (Advice)
어드바이스란 플레이어의 플레이의 결단, 클럽의 선택, 스트로크의 방법에 영향을 주는 조언이나 시사를 말한다. 규칙, 거리, 공지 사항(예를 들면 해저드의 위치, 퍼팅 그린 위의 깃대의 위치 등)에 대한 정보는 어드바이스가 아니다.

4. 움직인 것으로 간주되는 볼 (Ball Deemed to Move)
볼이 움직이다, 볼이 움직여지다. 정의35 참조

5. 홀에 들어간 볼 (Ball Holed)
홀에 들어가다. 정의27 참조

6. 분실된 볼 (Ball Lost)
분실구. 정의33 참조

7. 인 플레이의 볼 (Ball in Play)

볼은 플레이어가 티잉 그라운드에서 스트로크를 한 즉시 인 플레이의 볼이 되고, 그 볼은 홀에 넣어질 때까지 인 플레이의 상태를 유지한다. 단, 다음의 경우는 제외한다.

a. 볼을 분실한 경우.
b. 볼이 아웃 오브 바운드(OB)에 있는 경우.
c. 볼이 집어 올려진 경우.
d. 볼의 교체가 허용되든지 안 되든지에 관계없이 다른 볼로 교체된 경우. 이 경우는 교체된 볼이 인 플레이의 볼이 된다.

플레이어가 한 홀의 플레이를 시작하거나 잘못을 시정하려고 티잉 그라운드 밖에서 플레이한 경우 그 볼은 인 플레이가 아니며 규칙 11-4 또는 11-5를 적용한다. 그 이외의 경우 인 플레이 볼에는 플레이어가 다음 스트로크를 티잉 그라운드에서 하기로 하였거나 규칙에 따라 그곳에서 쳐야할 때 티잉 그라운드 밖에서 플레이한 볼이 포함된다.

8. 베스트 볼 (Best Ball)

매치 플레이 방식. 정의20 참조

9. 벙커 (Bunker)

벙커는 해저드의 하나로 지면에서 풀이나 흙을 제거하고 그 대신 모래나 유사한 것을 넣어 만든 구역을 말하고 움푹 들어가 있는 경우가 많다. 뗏장을 쌓아 올린 면(풀로 덮여 있거나 흙만 있거나를 불문)을 포함하여, 벙커의 자장자리나 벙커 안의 풀로 뒤덮여 있는 장소는 벙커의 일부가 아니다. 한편 풀로 뒤덮여 있지 않은 벙커의 측벽이나 가장자리는 벙커의 일부이다. 벙커의 한계는 수직 아래쪽으로 연장 되지만 위쪽으로는 연장되지 않는다. 볼이 벙커 안에 놓여 있거나 볼의 일부라도 벙커에 접촉하고 있을 때 그 볼은 벙커 안에 있는 볼이다.

10. 구멍 파는 동물 (Burrowing Animal)

구멍 파는 동물이란 자신의 주거나 은신처용으로 구멍을 파는 동물, 예를 들면 토끼, 두더지, 마멋, 땅 다람쥐, 도롱뇽 등을 말하고 벌레, 곤충 또는 이와 유사한 것은 제외한다.

註 : 구멍 파는 동물이 아닌 동물, 예를 들면 개에 의해 만들어진 구멍은 수리지로서의 표시, 혹은 선언이 되어 있지 않으면 비정상적인 그라운드 상태가 아니다.

11. 캐디 (Caddie)

캐디란 규칙에 따라 플레이어를 돕는 사람을 말한다. 돕는다는 것은 플레이 중에 플레이어의 클럽을 운반하거나 취급하는 것을 포함한다. 한 사람의 캐디가 복수의 플레이어에 의해 고용되어 있는 경우, 그 캐디를 공용하고 있는 플레이어의 볼(또는 그 플레이어의 파트너의 볼)이 관련하고 있는 때는 항상 그 플레이어의 캐디로 간주하여, 그 캐디가 들고 운반하고 있는 휴대품은 모두 그 플레이어의 휴대품으로 간주한다. 단, 그 캐디가 그 캐디를 공용하고 있는 다른 플레이어(또는 다른 플레이어의 파트너)의 특정 지시에 따라 행동하고 있을 때는 예외로 지시를 한 플레이어의 캐디로 간주한다.

12. 캐주얼 워터 (Casual Water)

캐주얼 워터란 워터 해저드 이외의 코스 상에서 플레이어가 스탠스를 취하기 전이나 스탠스를 취한 후에 볼 수 있는 일시적으로 고인 물을 말한다. 눈과 천연 얼음(서리를 제외)은 플레이어의 선택으로 캐주얼 워터나 루스 임페디먼트로 취급할 수가 있다. 인공 얼음은 장해물이다. 이슬과 서리는 캐주얼 워터가 아니다. 볼이 캐주얼 워터 안에 있거나, 볼의 일부라도 캐주얼 워터에 접촉하고 있는 경우 그 볼은 캐주얼 워터 안에 있는 볼이다.

13. 위원회 (Committee)

위원회는 경기를 관리하는 위원회를 말하며, 경기에 관한 문제가 아닌 경우에는 코스를 관리하는 위원회를 말한다.

14. 경기자 (Competitor)

경기자란 스트로크 경기의 플레이어를 말하고, 동반경기자란 경기자와 함께 플레이하는 사람을 말하며 이들은 서로의 파트너가 아니다. 포섬과 포볼의 스트로크 플레이의 경기에서는 문맥상 그와 같이 인정되면 경기자나 동반경기자라는 말에 그의 파트너를 포함한다.

15. 코스 (Course)

코스란 위원회가 정한 모든 경계선 안의 전 지역을 말한다.
(규칙33-2참조)

16. 휴대품 (Equipment)

휴대품이란 플레이어가 사용, 착용, 혹은 휴대하거나 플레이어를 위하여 그의 파트너나 그들의 어느 캐디가 휴대하는 모든 물건을 말하며, 플레이어가 플레이중인 볼, 혹은 볼의 위치나 볼을 드롭할 구역을 표시하기 위하여 사용하고 있을 때의 그 주화나 티와 같은 작은 물건은 휴대품이 아니다. 휴대품에는 동력식인가 아닌가에 관계없이 골프카트가 포함된다.

註1 : 플레이 중인 홀에서 플레이 되어 있는 볼이더라도 집어 올려져 있어 아직 플레이에 되돌려져 있지 않은 때는 그 볼은 휴대품이다.

註2 : 골프 카트가 복수의 플레이어에 의해 공동으로 사용되고 있는 경우, 그 카트와 거기에 실려 있는 모든 물건은 그 카트를 공동으로 사용하고 있는 플레이어 중 한 사람의 휴대품으로 간주한다. 골프 카트를 공동으로 사용하고 있는 플레이어 한 사람(또는 공동으로 사용하고 있는 플레이어 한 사람의 파트너)에

의해 카트가 움직여지고 있는 때는 그 카트와 거기에 실려 있는 모든 물건은 그 플레이어의 휴대품으로 간주한다. 그 이외의 경우, 카트와 거기에 실려 있는 모든 물건은 카트를 공동으로 이용하고 있는 플레이어의 볼(또는 그 플레이어의 파트너의 볼)이 관련하고 있을 때는 그 플레이어의 휴대품으로 간주한다.

17. 동반경기자 (Fellow-Competitor)
경기자. 정의14참조

18. 깃대 (Flagstick)
깃대란 홀의 위치를 표시하기 위하여 기 또는 이와 유사한 물건을 달거나 또는 달지 않은 채 홀의 중심에 똑바로 세운 움직일 수 있는 표시물을 말한다. 깃대의 단면은 원형이지 않으면 안 된다. 또 볼의 움직임에 부당하게 영향을 줄 가능성이 있는 충전물이나 충격흡수 소재의 사용은 금지된다.

19. 포어캐디 (Forecaddie)
포어캐디란 플레이 하는 동안 볼의 위치를 플레이어에게 알리기 위하여 위원회에 의해 배치된 사람으로 국외자이다.

20. 매치 플레이 방식 (Forms of Match Play)
싱글 : 1명 대 1명으로 겨루는 매치를 말한다.
스리섬 : 1명 대 2명으로 겨루는 매치를 말한다. 양쪽 각각의 1개의 볼로 플레이한다.
포섬 : 2명 대 2명으로 겨루는 매치를 말한다. 양쪽 각각의 1개의 볼로 플레이한다.
스리볼 : 3명이 서로 간에 대항하여, 각자 자신의 볼로 플레이하는 매치 플레이 경기를 말한다. 각 플레이어는 2개의 다른 매치를 동시

에 행하는 것이 된다.

베스트볼 : 1명 대 2명 중의 좋은 스코어(또는 3명 가운데 가장 좋은 스코어)로 겨루는 매치를 말한다.

포볼 : 2명 중 좋은 쪽의 스코어 대 2명 중 좋은 쪽의 스코어로 겨루는 매치를 말한다.

21. 스트로크 플레이 방식 (Forms of Stroke Play)

개인 경기 : 각 경기자가 각자 플레이하는 경기를 말한다.

포섬 : 2명의 경기자가 파트너로서 1개의 볼을 플레이하는 경기를 말한다.

포볼 : 2명의 경기자가 파트너로서 각각 자신의 볼을 플레이한다. 파트너 중의 적은 스코어가 그 홀의 스코어가 된다. 파트너 중의 1명이 홀을 종료하지 않아도 페널티는 없다.

註 : 보기, 파 경기 및 스테이블포드 경기에 대해서는 규칙32-1참조.

22. 포볼 (Four-Ball)

매치 플레이 방식(정의20) 및 스트로크 플레이 방식(정의21)참조

23. 포섬 (Foursome)

매치 플레이 방식(정의20) 및 스트로크 플레이 방식(정의21)참조

24. 수리지 (Ground Under Repair)

수리지란 위원회의 지시로 혹은 위원회의 권한 대리인에 의하여 수리지로 선언된 코스내의 구역을 말한다. 수리지 안의 모든 지면과 풀, 관목, 나무 또는 기타 생장물은 수리지의 일부분이다. 수리지라는 표시가 없어도 다른 곳으로 옮기기 위하여 쌓아 놓은 물건과 그린 키퍼가 만든 구멍이 포함된다. 다른 곳으로 옮기려는 의사가 없이 방치되어 코스 안에 그대로 남겨진 깎아 놓은 잔디(풀)나 기타의 물건 등은 수리지로서의 표시가 없으면 수리지가 아니다.

수리지의 한계는 수직 아래쪽으로 연장되지만 위쪽으로는 연장되지 않는다. 수리지의 경계를 표시하는 말뚝 또는 선은 수리지에 포함된다. 수리지 표시 말뚝은 장해물이다. 볼이 수리지 안에 놓여 있거나 볼의 일부라도 수리지에 접촉하고 있을 때 그 볼은 수리지 안에 있는 볼이다.

註 : 위원회는 로컬 룰을 만들어, 수리지나 수리지로서 표시되어 있는 환경 취약지역에서의 플레이를 금지할 수가 있다.

25. 해저드 (Hazards)

해저드란 벙커와 워터 해저드를 말한다.

26. 홀 (Hole)

홀의 직경은 4.25인치(108밀리미터), 깊이는 적어도 4.0인치(101.6밀리미터)이상이지 않으면 안 된다. 원통은 토질이 허용하는 한 적어도 1.0인치(25.4밀리미터) 이상 퍼팅 그린 면에서 아래로 묻지 않으면 안 된다. 또 원통의 외경은 4.25인치(108밀리미터)이하가 아니면 안 된다.

27. 홀에 들어가다 (Holed)

볼이 홀 안에 정지하고, 볼 전체가 홀의 가장자리보다 아래에 있을 때, 그 볼은 홀에 들어갔다라고 한다.

28. 아너 (Honor)

티잉 그라운드에서 가장 먼저 플레이해야 하는 플레이어를 아너라고 부른다.

29. 래터럴 워터 해저드 (Lateral Water Hazard)

래터럴 워터 해저드란, 규칙26-1b에 따라 그 워터 해저드의 뒤쪽에 드롭하는 것이 지형적으로 보아 불가능한 위치에 있거나, 또는 위원회에 의해 무리라 간주된 위치에 있는 워터 해저드 또는 그 일부를 말한다. 래터럴 워터 해저드의 한계 안의 모든 지면과 물은 그 래터럴 워터 해저드의 일부분이다.

래터럴 워터 해저드의 경계를 표시하는 말뚝과 선은 래터럴 워터 해저드에 포함된다. 래터럴 워터 해저드의 한계는 수직의 위아래로 연장된다.

볼이 래터럴 워터 해저드 안에 놓여 있거나, 볼의 일부분이라도 그 래터럴 워터 해저드에 접촉하고 있는 경우, 그 볼은 래터럴 워터 해저드 안에 있는 볼이다. 래터럴 워터 해저드의 한계를 결정하기 위해, 또는 래터럴 워터 해저드임을 표시하기 위해 사용되는 말뚝은 장해물이다.

註1 : 래터럴 워터 해저드로서 플레이 된 워터 해저드의 일부는 구별하여 표시하지 않으면 안 된다. 래터럴 워터 해저드의 한계를 결정하기 위해, 혹은 래터럴 워터 해저드임을 표시하기 위해 사용되는 말뚝과 선은 적색이 아니면 안 된다.

註2 : 위원회는 로컬 룰을 만들어 래터럴 워터 해저드로서 결정되어 있는 환경 취약 지역에서의 플레이를 금지할 수가 있다.

註3 : 위원회는 래터럴 워터 해저드를 워터 해저드로 지정할 수가 있다.

30. 플레이 선 (Line of Play)

플레이 선이란 플레이어가 볼을 스트로크 하여 그 볼을 보내고자 하는 방향을 말하고, 그 의도하는 방향의 양쪽에 약간의 합리적인 폭을 갖는다. 플레이 선은 지면에서 수직의 위쪽으로는 연장 되지만, 홀을 넘어서는 연장되지 않는다.

31. 퍼트 선 (Line of Putt)

퍼트 선이란 플레이어가 퍼팅 그린 상에서 볼을 스트로크 하여 그 볼을 보내고자 하는 선을 말한다. 규칙16-1e의 경우를 제외하고, 퍼트 선은 플레이어의 의도하는 선의 양쪽에 약간의 합리적인 폭을 갖는다. 퍼트 선은 홀을 넘어서는 연장되지 않는다.

32. 루스 임페디먼트 (Loose Impediments)

루스 임페디먼트란 자연물이고, 고정되어 있지 않고, 생장하고 있지 않으며, 지면에 단단히 박혀있지 않고, 볼에 부착되어 있지 않은 다음의 것을 말한다.
* 돌, 나뭇잎, 나무의 잔가지, 나뭇가지 그리고 유사한 것
* 동물의 똥
* 벌레와 곤충 및 유사한 것들 그리고 그것들의 방출물이나 퇴적물.

모래와 흩어진 흙은, 퍼팅 그린 위에 있는 경우는 루스 임페디먼트이지만, 그 이외의 장소에서는 루스 임페디먼트가 아니다. 눈과 천연 얼음(서리를 제외)은, 플레이어의 선택으로 캐주얼 워터 해저드나 루스 임페디먼트로서 조치할 수가 있다. 이슬과 서리는 루스 임페디먼트가 아니다.

33. 분실구 (Lost Ball)

다음의 경우의 볼은 분실한 것으로 간주한다.
a. 플레이어, 그의 사이드나 이들의 캐디가 볼을 찾기 시작하여 5분 이내에 볼이 발견되지 않거나, 또는 플레이어가 자신의 볼임을 확인하지 못한 때.
b. 원구(오리지널 볼)가 있을 것으로 생각되는 장소나, 그 장소보다 홀에 가까운 장소에서 플레이어가 잠정구를 스트로크 한 때 (규칙27-2b참조).
c. 플레이어가 스트로크와 거리의 벌(규칙27-1a)을 기초로 다른 볼을 인 플레이 한 때.
d. 발견되지 않는 볼이 국외자에 의해 움직여지거나(규칙18-1), 혹은 장해물의 안(규칙 24-3), 비정상적인 그라운드 상태(규칙25-1c), 워터 해저드의 안(규칙26-1)에 있음을 알고 있거나, 거의 확실하다는 이유로 플레이어가 다른 볼을 인 플레이 한 때.

e. 플레이어가 교체된 볼을 스트로크 한 때.

오구의 플레이에 사용된 시간은 볼을 찾기 위해 허용된 5분에는 포함되지 않는다.

34. 마커 (Marker)

마커란 스트로크 플레이에서 경기자의 스코어를 기록하도록 위원회에 의해 지명된 사람을 말하고, 동반경기자도 마커가 될 수 있다. 마커는 심판원이 아니다.

35. 볼이 움직이다, 움직여지다 (Move or Moved)

볼이 멈추어 있는 위치를 벗어나 다른 장소에 가 정지하였을 때, 그 볼은 움직인 것으로 간주한다.

36. 가장 가까운 구제 지점=니어리스트 포인트

(Nearest Point of Relief)

가장 가까운 구제 지점이란, 움직일 수 없는 장해물(규칙24-2), 비정상적인 그라운드 상태(규칙25-1), 혹은 목적 외 퍼팅 그린(규칙25-3)에 의한 방해에서 페널티 없이 구제를 받을 수 있는 기점이 되는 점을 말한다.

가장 가까운 구제 지점은, 다음의 조건을 충족하는 곳으로 볼이 멈추어 있는 곳에서 가장 가까운 코스상의 한 점이다.

(1) 홀에 더 가깝지 않고,

(2) 그곳에 볼을 놓으면 스트로크를 할 때 구제를 받으려고 하고 있는 상태에 의한 방해가 사라지는 곳. 이 경우의 스트로크란 플레이어가 만약 그 상태가 없었다면 처음의 볼의 위치에서 스트로크를 했었을 예정의 스트로크를 말한다.

註 : 가장 가까운 구제 지점을 정확하게 정하기 위해서는, 다음 스트로크를 위한 어드레스위치나 플레이의 방향이나 스윙을 여러 가지 시도해 볼 때, 구제를 받으려하는 그 물건이나 상태가

그곳에 없다면 사용했을 클럽을 플레이어는 사용하여야 한다.

37. 업저버 (Observer)

업저버란 사실문제의 판정에 관해서 심판원을 보좌하는 것과 함께, 규칙 위반이 있으면 그것을 심판원에게 보고하도록 위원회에 의해 임명된 사람을 말한다. 업저버는 a.깃대에 붙어 시중들거나, b.홀에 가깝게 서거나 홀의 위치를 표시하거나, c.볼을 집어 올리거나 볼의 위치를 마크해서는 안 된다.

38. 장해물 (Obstructions)

장해물이란 모든 인공의 물건으로써, 도로와 통로의 인공 표면과 측면 및 인공 얼음을 포함한다. 단, 다음의 것은 제외한다.

a. 아웃 오브 바운드(OB)의 경계를 표시하는 것. 예를 들면, 벽, 담, 말뚝, 울타리
b. 아웃 오브 바운드에 있는 움직일 수 없는 인공 물건의 모든 부분
c. 위원회에 의해 코스와 불가분의 부분으로 지정되어 있는 모든 구축물.

움직일 수 있는 장해물이란 (a)무리한 노력을 필요치 않고, (b)부당하게 지연시키지 않으며, (c)물건에 손상을 입히지 않고 옮겨질 수 있는 장해물을 말한다. 그렇지 않은 경우는 움직일 수 없는 장해물이다.

註 : 위원회는 로컬 룰을 만들어, 움직일 수 있는 장해물을 움직일 수 없는 장해물로지 정할 수가 있다.

39. 아웃 오브 바운드 (Out of Bounds)

아웃 오브 바운드란, (a)코스의 한계를 넘어선 장소, (b)위원회에 의해 아웃 오브 바운드로 표시된 코스 안의 모든 구역을 말한다.

아웃 오브 바운드가 (a)말뚝이나 울타리에 의해 결정되어져 있는 경우 또는 (b)말뚝이나 울타리의 바깥쪽으로 결정되어져 있는 경우, 아웃 오브 바운드의 선은 가장 가까운 말뚝이나 울타리 기둥(지주를

제외)의 안쪽의 지면의 점에 의해 결정되어 진다.

아웃 오브 바운드를 표시하기 위해 말뚝과 선 모두가 사용된 경우, 말뚝은 아웃 오브 바운드임을 표시하고, 선은 아웃 오브 바운드의 한계를 결정한다. 아웃 오브 바운드가 지상의 선에 의해 결정 되어져 있는 경우, 그 선 자체는 아웃 오브 바운드이다. 아웃 오브 바운드의 선은 수직의 위아래로 연장된다. 볼 전체가 아웃 오브 바운드에 있는 경우, 그 볼은 아웃 오브 바운드에 있다. 플레이어는 인 바운드에 있는 볼을 플레이하기 위해 아웃 오브 바운드에 설 수가 있다. 아웃 오브 바운드를 결정하는 물건, 예를 들면, 벽이나 담, 말뚝, 울타리 등은 장해물이 아니고 고정물로 간주한다. 아웃 오브 바운드임을 표시하고 있는 말뚝은 장해물이 아니고 고정물로 간주한다.

註1 : 아웃 오브 바운드를 결정하는 말뚝이나 선은 흰색으로 하도록 한다.
註2 : 위원회는 아웃 오브 바운드임을 표시하고 있는 말뚝(아웃 오브 바운드를 결정하는 말뚝은 제외)을 움직일 수 있는 장해물로 선언하는 로컬 룰을 만들 수가 있다.

40. 국외자 (Outside Agency)

국외자란 매치 플레이에서는 매치에 관계없는 사람과 사물을 말하고, 스트로크 플레이에서는 그 경기자의 사이드에 속하지 않는 사람과 사물을 말한다. 국외자에는 심판원이나 마커, 업저버, 포어캐디를 포함한다. 바람과 물은 국외자가 아니다.

41. 파트너 (Partner)

파트너란 같은 사이드의 자기편 플레이어를 말한다. 스리섬, 포섬, 베스트볼, 포볼의 플레이에서는, 문맥상 허용하면 플레이어라는 용어에 그 파트너를 포함한다.

42. 벌타 (Penalty Stroke)

벌타란 규칙에 의하여 플레이어 또는 플레이어 사이드의 스코어에 부과하는 스트로크를 말한다. 스리섬이나 포섬에서 벌타는 플레이의 순번에 영향을 주지 않는다.

43. 잠정구 (Provisional Ball)
잠정구란 볼이 워터 해저드의 밖에서 분실될 염려가 있거나, 아웃 오브 바운드에 있을 염려가 있는 경우에 규칙27-2에 의거하여 플레이 되는 볼을 말한다.

44. 퍼팅 그린 (Putting Green)
퍼팅 그린이란, 현재 플레이하고 있는 홀의 퍼팅을 위해 특별하게 정비한 전 구역 또는 위원회가 퍼팅 그린이라고 지정한 모든 구역을 말한다. 볼의 일부가 퍼팅 그린에 닿아 있으면 그 볼은 퍼팅 그린 위에 있는 볼이다.

45. R&A
R&A Rules Limited(영국)의 약자로 미국의 USGA(미국 골프 협회)와 공동으로 골프 규칙의 재정, 변경, 해석, 적용의 모든 것을 담당하고 있다. 골프 규칙은 4년마다(하계 올림픽과 같은 해) 개정된다.

46. 심판원 (Referee)
심판원이란 사실 문제를 판정하고 규칙을 적용하기 위하여 플레이어와 동행하도록 위원회에 의해 임명된 사람을 말한다. 심판원은 자신이 직접 목격하거나 보고를 받은 것을 포함한 모든 규칙 위반에 대해 재정을 하지 않으면 안 된다. 심판원은 깃대에 붙어 시중들거나, 홀의 가까운 곳에 서거나 홀의 위치를 표시하거나, 볼을 집어 올리거나 볼의 위치를 마크해서는 안 된다.

47. 럽 오브 더 그린 (Rub of the Green)
럽 오브 더 그린이란, 움직이고 있는 볼이 국외자에 의해 우연히 방향이 변경되거나 정지된 경우를 말한다(규칙19-1참조).

48. 규칙(Rule or Rules)

규칙이란 용어에는 다음의 것을 포함한다.

a. 골프 규칙과 골프 규칙 재정에 포함된 해석
b. 규칙33-1과 부속 규칙I에 의거하여, 위원회에 의해 결정된 모든 경기 조건
c. 규칙33-8a와 부속 규칙I에 의거하여, 위원회에 의해 결정된 로컬 룰
d. 부속 규칙Ⅱ와 부속 규칙에Ⅲ 규정되어 있는 클럽과 볼의 사양기준 및 클럽과 볼의 규칙 가이드에 포함되어 있는 해석

49. 편 (Side)

편이란 1명의 플레이어, 또는 파트너인 2명 혹은 그 이상의 플레이어를 말한다.

50. 싱글 (Single)

매치 플레이 방식(정의20) 및 스트로크 플레이 방식(정의21)을 참조

51. 스탠스 (Stance)

플레이어가 스트로크를 하기 위하여 발의 위치를 정하고 섰을 때에 플레이어는 스탠스를 취한 것이 된다.

52. 정규 라운드 (Stipulated Round)

정규 라운드란 위원회가 별도로 허용한 경우를 제외하고 올바른 홀의 순서에 따라 코스의 여러 홀을 플레이하는 것을 말한다. 정규 라운드의 홀수는 위원회가 18홀보다 적은 홀수를 허용한 경우를 제외하고는 18홀이다. 매치 플레이에서 정규의 라운드를 연장할 때는 규칙2-3참조.

53. 스트로크 (Stroke)

스트로크란 볼을 올바르게 쳐서 움직일 의사를 가지고 행하는 클럽의 전 방향으로의 동작을 말한다. 하지만 클럽 헤드가 볼에 도달하기 전에 플레이어가 다운스윙을 자발적으로 중지했을 때에는 플레이어가 스트로크를 하지 않은 것으로 간주한다.

54. 교체된 볼 (Substituted Ball)

교체된 볼이란 인 플레이의 볼, 분실구, 아웃 오브 바운드의 볼, 집어 올려진 원구와 교체되어 인 플레이된 볼을 말한다.

55. 티 (Tee)

티란 지면에서 볼을 높이 올려놓기 위해 디자인된 장치를 말한다. 티는 4인치(101.6밀리미터)이하여야 하며 플레이 선을 가리키거나 볼의 움직임에 영향을 미칠 수 있도록 디자인되거나 제조되어서는 안 된다.

56. 티잉 그라운드 (Teeing Ground)

티잉 그라운드란 플레이를 시작하는 홀의 출발장소를 말한다. 2개의 티 마커의 바깥쪽을 경계로 하여 전면과 측면이 한정되며 측면의 길이가 2클럽 길이인 직사각형의 구역이다. 볼 전체가 티잉 그라운드 구역 밖에 놓여 있을 경우 그 볼은 티잉 그라운드 밖에 있는 볼이다.

57. 스리볼 (Three-Ball)

매치 플레이 방식(정의20)참조

58. 스리섬 (Threesome)

매치 플레이 방식(정의20)참조

59. 스루 더 그린 (Through the Green)

스루 더 그린이란 다음의 것을 제외한 코스 안의 모든 장소를 말한다.

a. 현재 플레이중인 홀의 티잉 그라운드와 퍼팅 그린
b. 코스 안의 모든 해저드

60. 워터 해저드 (Water Hazard)

워터 해저드란 코스 안의 모든 바다, 호수, 연못, 하천, 도랑, 표면 배수로 또는 뚜껑이 없는 수로(물의 유무를 불문함) 및 이와 유사한 수역을 말한다. 워터 해저드 안의 모든 지면이나 물은 그 워터 해저드의 일부분이다. 워터 해저드의 경계선은 수직으로 그 위아래로 연장 적용된다. 워터 해저드의 경계를 표시하는 말뚝과 선은 그 워터 해저드 안이며, 그러한 말뚝은 장해물이다. 볼이 워터 해저드 안에 놓여 있거나 볼의 일부라도 워터 해저드에 접촉하고 있으면 그 볼은 워터 해저드 안의 볼이다.

註1 : 워터 해저드의 범위를 정하기 위해 혹은 워터 해저드임을 표시하기 위해 사용된 말뚝과 선은 황색이지 않으면 안 된다.

註2 : 위원회는 로컬 룰을 만들어 워터 해저드로 지정된 환경 취약 지역에서의 플레이를 금지할 수가 있다.

61. 오구 (Wrong Ball)

오구란 다음의 것을 제외한 모든 볼을 말한다.

* 인 플레이 볼
* 잠정구
* 스트로크 플레이에서 규칙3-3이나 규칙20-7c에 의거하여 플레이된 제2의 볼
* 다른 플레이어의 볼
* 버려진 볼
* 더 이상 인 플레이 볼이 아닌 플레이어의 원구

註 : 인 플레이 볼 중에는 볼의 교체가 허용되든지 안 되든지에 상

관없이 인 플레이 볼과 교체된 다른 볼도 포함된다.

62. 목적 외 퍼팅 그린 (Wrong Putting Green)
　목적 외 퍼팅 그린이란, 현재 플레이하고 있는 홀의 퍼팅 그린 이외의 다른 퍼팅 그린을 말한다. 위원회에서 별도로 정하지 않는다면 이 용어는 코스의 연습용 퍼팅 그린이나 피칭 그린을 포함한다.

구제 조치 방법

리플레이스와 플레이스

리플레이스 원래의 볼을 원래의 위치에 놓는 것.

플레이스 원래의 볼을 다른 위치에 놓는 것.
또는 다른 볼을 원래의 위치에 놓는 것.

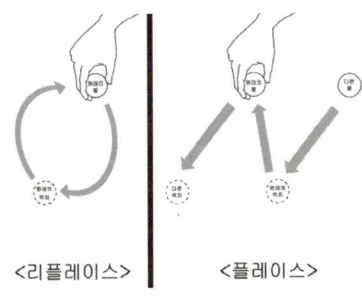

<리플레이스>　　　　<플레이스>

한계, 경계의 적용과 표시

❶ 아웃 오브 바운드

수직의 위아래로 연장 볼 전체가 OB구역에 있을 경우

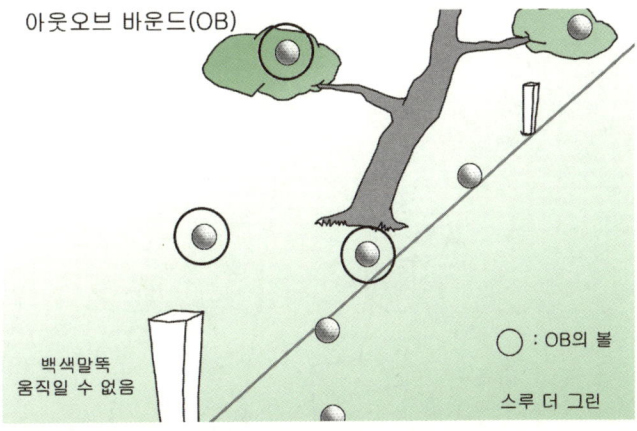

아웃오브 바운드(OB)

○ : OB의 볼

백색말뚝
움직일 수 없음

스루 더 그린

❷ (래터럴)워터 해저드

수직의 위아래로 연장 볼의 일부라도 해저드에 닿아 있을 경우

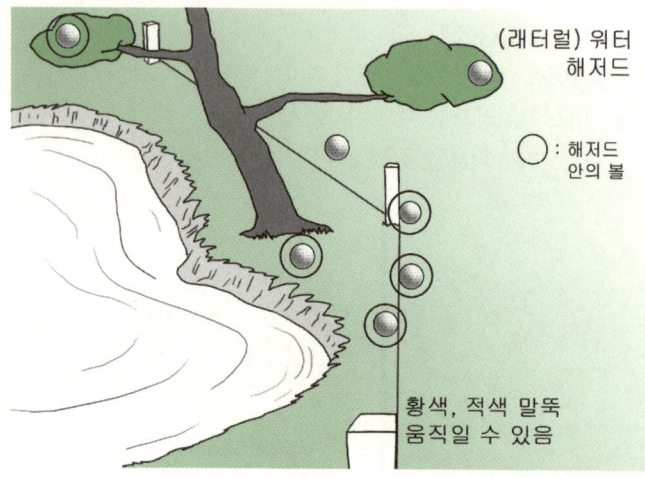

❸ 수리지

수직의 아래로만 연장 볼의 일부라도 수리지에 닿아 있을 경우

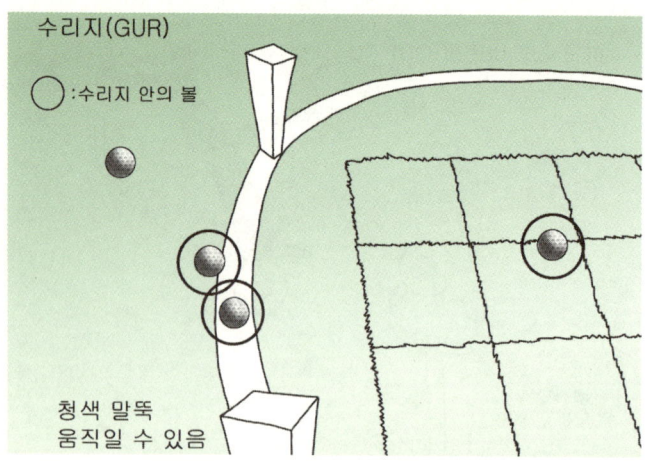

❹ 벙커

수직의 아래로만 연장
볼의 일부라도 벙커에 닿아 있을 경우

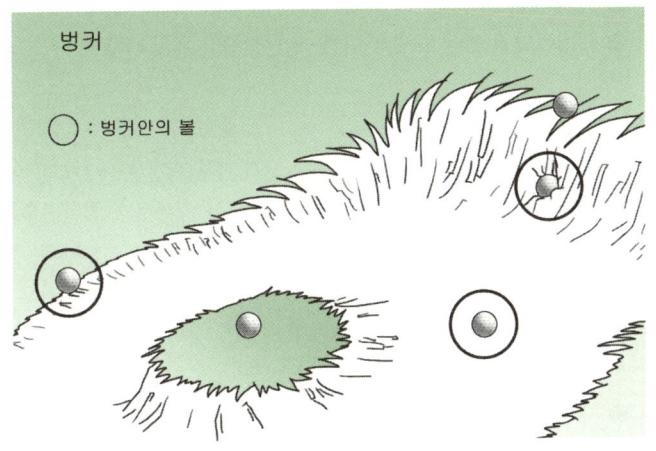

❺ 퍼팅 그린

볼의 일부라도 그린에 닿아 있을 경우

볼을 닦을 수 있는 경우와 없는 경우

다음의 3가지 경우를 제외하고 집어 올린 볼은 닦을 수가 있다.
❶ 플레이에 적합한 볼인지 아닌지를 확인하기 위해 집어 올린 경우
❷ 자신의 볼인지 아닌지를 확인하기 위해 집어 올린 경우
❸ 플레이의 원조나 방해가 되기 때문에 집어 올린 경우

반드시 보고가 필요한 조치

❶ 규칙3-3에 의거하여 2개의 볼을 플레이하는 경우 - 2개의 볼을 플레이하겠다는 것과 어떤 볼의 스코어를 채택하겠다는 것을 동반경기자나 마커에게 미리 전하지 않으면 안 된다.
❷ 플레이에 적합한 볼인지 확인하기 위하여 집어 올리는 경우 - 미리 동반경기자나 마커에게 그 의사를 전하고, 입회와 확인의 기회도 부여하지 않으면 안 된다.
❸ 자신의 볼인지 확인하기 위하여 집어 올리는 경우 - 미리 동반경기자나 마커에게 그 의사를 전하고, 입회와 확인의 기회도 부여하지 않으면 안 된다.
❹ 잠정구-잠정구를 치기 전에 그 의사를 마커나 동반경기자에게 미리 전하지 않으면 안 된다.

1클럽인지 2클럽인지

구제 조치를 할 때 니어리스트 포인트에서 드롭 가능한 범위는 페널티 없이 구제를 받는 경우에는 1클럽, 1페널티 부과 후에 구제를 받는 경우에는 2클럽이다.
계측에 이용하는 클럽은 자신이 휴대하고 있는 어느 클럽을 사용하여도 되고, 동반경기자에게 클럽을 빌려 사용할 수도 있다.
단, 빌려 사용하려는 클럽의 길이가 자신이 휴대하고 있는 클럽의 길이보다 더 길어서는 안 된다.

니어리스트 포인트 (가장 가까운 구제 지점)정하기

움직일 수 없는 장해물, 비정상적인 그라운드 상태, 목적 외 그린에 의한 장해로부터 페널티 없이 구제를 받는 경우의 기점이 되는 곳으로 다음의 조건을 갖추어야 한다.

❶ 구제를 받고자 하는 상태나 방해가 없었다면 사용하였을 클럽으로
❷ 구제를 받으려는 볼보다 홀에 더 가깝지 않고
❸ 구제를 받으려 한 상태나 장해에서 완전히 벗어날 수 있는 곳으로
❹ 해저드나 그린이 아닌 곳이고
❺ 구제를 받으려는 볼이 놓여 있는 곳에서 최대한 가까운 지점. 이 니어리스트 포인트에서 1클럽 길이 이내(클럽에 관계없이)에 드롭하고, 드롭한 이후에는 사용할 클럽을 바꾸어도 된다.

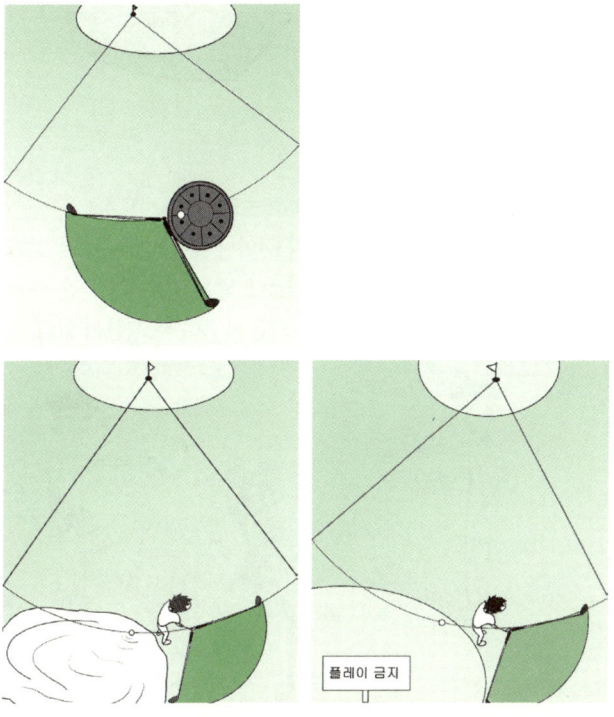

드롭 방법

드롭은 반드시 플레이어 자신이 하여야 하고, 똑바로 서서 볼을 어깨 높이로 들어 팔을 곧게 뻗어 정해진 범위 안이나 선 위에 떨어뜨리지 않으면 안 된다.

드롭 방법이 바르지 못한 경우에는 스트로크 전에 정정하면 페널티가 없지만, 정정하지 않으면 1페널티를 부과한다.

드롭 횟수에 제한 없이 재드롭해야 하는 경우

드롭한 볼이 코스 위에 떨어지기 전이나 후, 볼이 멈추기 전에 어떤 사람 또는 어떤 플레이어의 휴대품에 닿은 경우, 그 볼은 페널티 없이 재드롭 하지 않으면 안 되고, 드롭의 횟수는 제한이 없다.

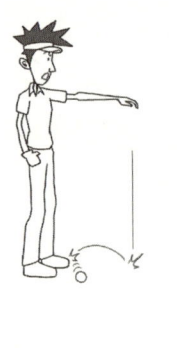 

재드롭해야 하는 경우(규칙20-2c) 재드롭 후에는 플레이스!!!

드롭한 볼은 다음의 경우 페널티 없이 재드롭하지 않으면 안 된다.

(ⅰ) 해저드 안으로 굴러 들어가 멈춘 경우

(ⅱ) 해저드 안에서 굴러 나와 해저드 밖에서 멈춘 경우

(ⅲ) 퍼팅 그린 위로 굴러 들어가 멈춘 경우

(ⅳ) 아웃 오브 바운드로 굴러가 멈춘 경우

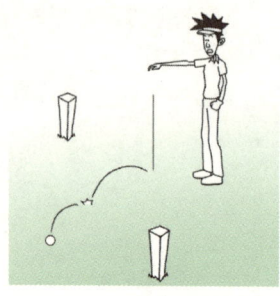

(ⅴ) 움직일 수 없는 장해물, 비정상적인 그라운드 상태, 목적외 그린, 로컬 룰에 의해 구제를 받아 드롭한 볼이 다시 그 상태의 장해가 있는 장소로 굴러가 멈춘 경우, 또는 지면에 박힌 공에 의해 구제를 받아 드롭한 볼이 다시 그 피치 마크 안으로 굴러 들어가 멈춘 경우

(ⅵ) 드롭한 볼이 코스 위에 최초로 떨어진 지점에서 2클럽 길이 이상 굴러가 멈춘 경우

(vii) 다음의 지점보다도 홀에 가까운 곳에 굴러가 멈춘 경우
  a. 원래의 위치나 추정 위치,
  b. 구제의 니어리스트 포인트나 최대한의 구제를 받을 수 있는 가장 가까운 지점,
  c. 처음의 볼이 워터 해저드나 래터럴 워터 해저드의 한계를 마지막으로 가로지른 지점.

재드롭 한 볼이 위의 어느 경우에 해당하는 경우에는, 재드롭 할 때 볼이 코스 위에 최초로 떨어진 지점의 가능한 가까운 지점에 플레이스 하지 않으면 안 된다. 플레이스 한 볼이 일단 멈추었다가 움직인 경우에는 있는 그대로 플레이하지 않으면 안 된다.

언플레이어블(규칙28)의 구제조치 방법

볼이 워터 해저드 안 이외의 장소에 있을 경우 플레이어는 코스 위의 어디에서든 자신의 볼을 자신의 판단으로 언플레이어블이라고 선언할 수 있다.

구제조치로는 1페널티를 부과하고 다음의 3가지 방법 중에서 하나를 선택할 수 있다.

a. 마지막으로 플레이 한 지점의 되도록 가까운 곳에 드롭하여 플레이한다.(티잉 그라운드에서는 티업도 가능)
b. 홀과 볼이 있는 지점을 연결한 후방 연장선상에 드롭하여 플레이한다. 거리의 제한은 없다.
c. 볼이 있는 장소에서 2클럽 길이 이내의 홀에 가깝지 않은 곳에 드롭하여 플레이한다.

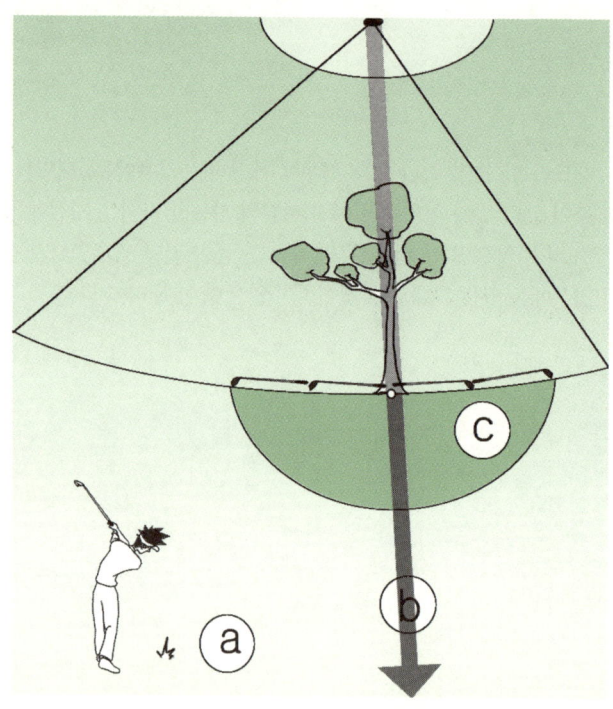

벙커에서의 언플레이어블의 구제조치 방법

구제조치로는 1페널티를 부과하고 다음의 3가지 방법 중에서 하나를 선택할 수 있다.

a. 마지막으로 플레이 한 지점의 되도록 가까운 곳에 드롭하여 플레이한다.(티잉 그라운드에서는 티업도 가능)
b. 홀과 볼이 있는 지점을 연결한 후방 연장선상의 벙커 안에 드롭하여 플레이한다. 거리의 제한은 없다.
c. 볼이 있는 장소에서 2클럽 길이 이내의 홀에 가깝지 않은 벙커 안에 드롭하여 플레이한다.

b와 c의 구제조치는 반드시 그 벙커 안에서 이루어져야 한다.

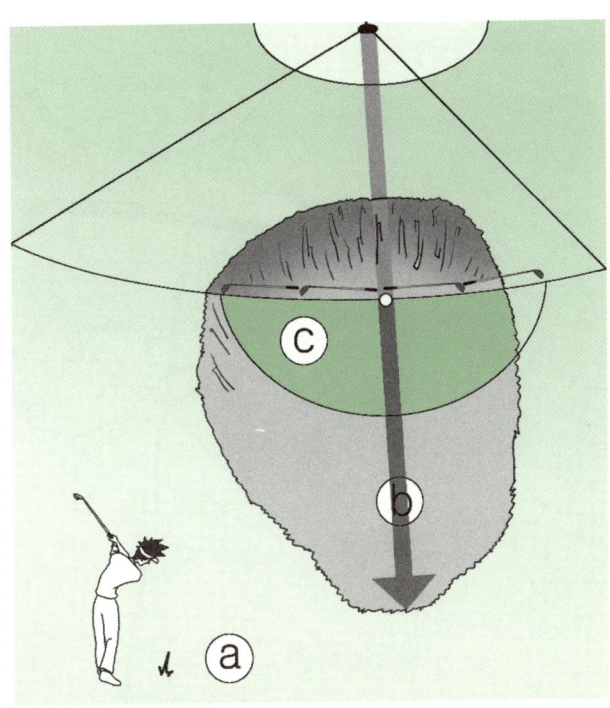

워터 해저드 (황색 말뚝)에서의 조치 방법

워터 해저드(정의60참고) 안으로 볼이 들어간 경우의 구제조치는 다음의 2가지 중 1가지를 선택하면 된다.

a. 1페널티를 부과하고 마지막으로 플레이 한 장소에서 드롭하여 플레이 한다. 그곳이 티잉 그라운드라면 티업이 가능하고, 퍼팅 그린이라면 플레이스 하여야 한다.

b. 1페널티를 부과하고 볼이 워터 해저드의 경계선을 마지막으로 가로질러 들어간 지점과 홀을 연결한 해저드의 후방선상에 드롭하여 플레이 한다. 후방선상에서는 거리제한없이 드롭이 가능하다.

물론, 페널티 없이 해저드 안에 있는 볼을 있는 그대로 칠 수가 있다. 단, 클럽이 지면이나 수면에 닿으면 2페널티를 부과한다.

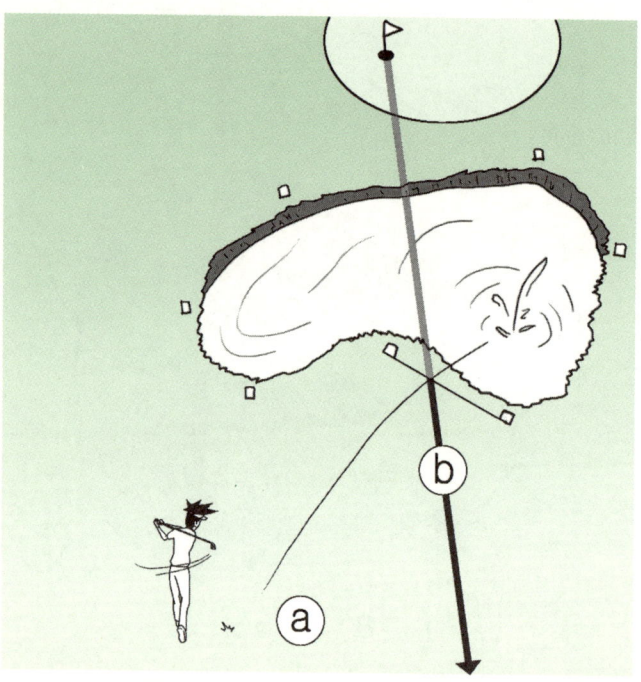

래터럴 워터 해저드 (적색 말뚝)에서의 조치 방법

래터럴 워터 해저드(정의29참고) 안으로 볼이 들어간 경우의 구제조치는 다음의 4가지 중 1가지를 선택하면 된다.

a. 워터 해저드의 구제조치 a.

b. 워터 해저드의 구제조치 b.

c-i. 1페널티를 부과하고 볼이 해저드의 경계선을 마지막으로 가로질러 들어간 지점에서 2클럽 길이 이내에 드롭하여 플레이 한다.

c-ii. 1페널티를 부과하고 볼이 해저드의 경계선을 마지막으로 가로질러 들어간 지점과 홀에서 같은 거리의 맞은편의 지점에서 2클럽 길이 이내에 드롭하여 플레이 한다.

물론, 페널티 없이 해저드 안에 있는 볼을 있는 그대로 칠 수가 있다. 단, 클럽이 지면이나 수면에 닿으면 2페널티를 부과한다.

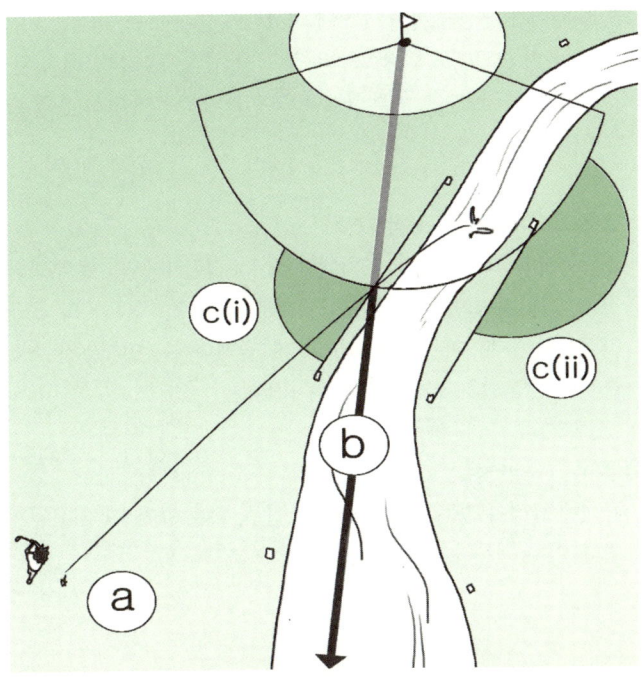

권리나 올바른 조치에 대하여 의문이 있는 경우 (규칙3-3)

플레이어는 한 홀의 플레이 중에 자신의 권리나 올바른 조치에 대하여 의문이 있는 경우에는 페널티 없이 2개의 볼로 플레이하여 스코어 카드를 제출하기 전에 위원회의 재정을 구할 수가 있다. 이 경우 다음의 순서를 밟아야 한다.

1. 의문이 되는 상황이 발생하여 다음의 행동에 들어가기 전에 2개의 볼을 플레이하려는 것과, 규칙에서 허용한다면 2개의 볼 중 어느 볼의 스코어를 채택하겠다는 것을 마커나 동반경기자에게 미리 알리지 않으면 안 된다.
2. 플레이어는 2개의 볼로 플레이하고 스코어를 기록한 뒤 스코어 카드를 제출하기 전에 위원회에 2개의 볼로 플레이 한 사실을 보고하고 재정을 구하지 않으면 안 된다. 보고를 하지 않고 스코어 카드를 제출하면 경기실격 처리된다.
3. 위원회가 재정을 하여 규칙에 의거하여 플레이 된 볼의 스코어를 그 홀의 스코어로 한다. 2개의 볼 모두 규칙에 따라 플레이 된 경우에는 플레이어가 채택하겠다고 한 볼의 스코어를 그 홀의 스코어로 한다.

스트로크와 거리의 벌 (규칙27-1a)

스트로크와 거리의 벌의 조치에서 스트로크란 1페널티를 부과하는 것을, 거리의 벌이란 플레이한 거리를 잃는 것, 즉 마지막 플레이 지점에서 플레이하는 것을 의미한다. 플레이어는 언제든지 스트로크와 거리의 벌의 조치를 취할 수가 있다.

형평이념 (규칙1-4)

규칙에 규정이 없는 문제가 발생한 경우, 다른 규칙, 재정을 원용하거나, 유추 적용하여 재정을 하는 것.

야드-미터 환산표

Y	M	Y	M	Y	M	Y	M
45	41.1	180	164.6	315	288.0	450	411.5
50	45.7	185	169.2	320	292.6	455	416.1
55	50.3	190	173.7	325	297.2	460	420.6
60	54.9	195	178.3	330	301.8	465	425.2
65	59.4	200	182.9	335	306.3	470	429.8
70	64.0	205	187.5	340	310.9	475	434.3
75	68.6	210	192.0	345	315.5	480	438.9
80	73.2	215	196.6	350	320.0	485	443.5
85	77.7	220	201.2	355	324.6	490	448.1
90	82.3	225	205.7	360	329.2	495	452.6
95	86.9	230	210.3	365	333.8	500	457.2
100	91.4	235	214.9	370	338.3	505	461.8
105	96.0	240	219.5	375	342.9	510	466.3
110	100.6	245	224.0	380	347.5	515	470.9
115	105.2	250	228.6	385	352.0	520	475.5
120	109.7	255	233.2	390	356.6	525	480.1
125	114.3	260	237.7	395	361.2	530	474.6
130	118.9	265	242.3	400	365.8	535	489.2
135	123.4	270	246.9	405	370.3	540	493.8
140	128.0	275	251.5	410	374.9	545	498.3
145	132.6	280	256.0	415	379.5	550	502.9
150	137.2	285	260.6	420	384.0	555	507.5
155	141.7	290	265.2	425	388.6	560	512.1
160	146.3	295	269.7	430	393.2	565	516.6
165	150.9	300	274.3	435	397.8	570	521.2
170	155.4	305	278.9	440	402.3	575	525.8
175	160.0	310	283.5	445	406.9	580	530.4

손에 잡히는
골프

초판 1쇄 발행 2009년 5월 6일
개정판 1쇄 발행 2010년 12월 1일

저 자	박석원
일러스트	윤병협
펴 낸 이	이승철
편 집	이덕완
디 자 인	김진디자인
펴 낸 곳	꿈엔라이프
등 록	2002년 8월 1일 제 10-2423호
주 소	서울시 마포구 망원 2동 423-9 한홍빌딩 4층 (121-232)
대표전화	032-327-4860
팩 스	0303-0335-4860
E-mail	nomadism@hanmail.net

© 2009, 박석원
저자와의 협의에 의하여 인지 첨부를 생략합니다.

값 8,800원
ISBN 978-89-90534-22-4 13690

* 정성을 다해 만들었습니다만, 간혹 잘못된 책이 있습니다.
  연락주시면 바꾸어 드리겠습니다.